행복한 부자로 키우는 우리 아이 경제교육

我的孩子是
幸福小富翁

如何培养有"钱"途的孩子

〔韩〕朴远培 著
李桂花 译

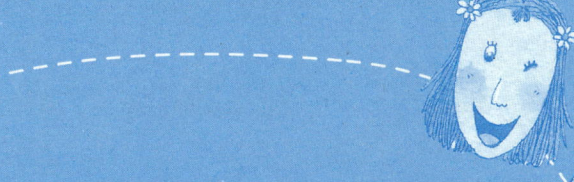

朝華出版社

图书在版编目（CIP）数据

我的孩子是幸福小富翁：如何培养有"钱"途的孩子 /（韩）朴远培著，李桂花译. -- 北京：朝华出版社，2011.12
ISBN 978-7-5054-3003-7

Ⅰ.①我… Ⅱ.①朴… ②李… Ⅲ.①家庭经济学－儿童教育：家庭教育 Ⅳ.①G78

中国版本图书馆CIP数据核字(2011)第260408号

著作权合同登记图字：01-2011-7937
행복한 부자로 키우는 우리아이 경제교육
copyright © 2008 by Park Won Bae
All rights reserved.
Simplified Chinese copyright © 2012 by BeiJing XueShiShengYi & Culture Development Co.Ltd
This Simplified Chinese edition was exclusive published by Blossom Press in Mainland China which was arranged by Daekyo Publishing Co.,Ltd. through M.J.Agency

我的孩子是幸福小富翁
—— 如何培养有"钱"途的孩子

作　　者	〔韩〕朴远培
译　　者	李桂花
选题策划	杨彬　焦雅楠
责任编辑	姜婷婷
责任印制	张文东
封面设计	水长流文化发展有限公司
出版发行	朝华出版社
社　　址	北京市西城区百万车庄大街24号　邮政编码 100037
订购电话	(010) 68413840　68996050
传　　真	(010) 88415258（发行部）
联系版权	j-yn@163.com
网　　址	www.blossompress.com.cn
印　　刷	北京彩虹伟业印刷有限公司
经　　销	全国新华书店
开　　本	710mm×1000mm 1/16　　字　数 175千字
印　　张	13
版　　次	2012年2月第1版 2012年2月第1次印刷
装　　别	平
书　　号	ISBN 978-7-5054-3003-7
定　　价	28.00元

版权所有　翻印必究・印装有误　负责调换

前 言

子女经济教育实战书
"爸爸是孩子最好的经济老师"

"我儿子今年8岁,只要我给他零花钱,他肯定会买游戏卡玩游戏,你说我还要继续给他钱吗?"

"我听人家说,给孩子零花钱时最好算上买学习用品和书的钱,所以才大把大把地给孩子零花钱。没想到这孩子竟然把钱用在了别的地方,学习用品一样都没买,还跟同学讨饭似的借着花,气得我头都大了。我现在一分钱都不给他了,但是总感觉这事儿挺纠结、挺无奈的。"

"我倒是给他制定了一份生活计划表,不过也只是个形式而已。只要孩子能按照计划表好好表现,我就会给他零花钱。效果倒是立竿见影,不过,我有点犹豫,你说这方法可行吗?"

"我儿子刚上小学一年级,他好像对钱一点儿都不感兴趣,给他零花钱没见他有多高兴,不给也没有什么意见。都说零花钱教育是让孩子从小正确认识金钱所必需的,谁知道这孩子干脆对钱不感兴趣,真是愁人。"

"我来说说我家那个吧。他说要攒钱给他爸爸买个生日礼物,就让我们对他进行读书奖励,每当他读完一本书,就给他100韩元作为鼓励。当时觉得孩子能这样做挺难得的,也就答应了。儿子还真的用那些钱高高兴兴地给他爸爸买了个礼物,老公也为儿子的这份孝心感动,觉得儿子懂事了。我呢,看他爷儿俩那副暖意融融的样子,也甭提多欣慰了。不过问题是,现在他每次要开始读一本书时,就习惯性地让我们给他钱。能让他养

成读书的好习惯,多给他些零花钱我们倒也不心疼,不过把读书跟钱挂钩,总让人感觉不是那么回事。"

以上是一家教育机构对30多名家长进行子女零花钱教育指导时的部分现场对话。其实家长在培养子女经济意识时遇到的苦恼和无奈,绝非是这些家长的个别现象。过去7年中,我遇到的这类家长不计其数,他们都抱着单纯而美好的愿望,希望子女能接受实用的经济教育,并在正确的经济观念下成长。这些家长给我最大的感受是,他们所烦恼的问题真可谓是五花八门,即便是对待同样的问题,不同的家长在应对和处理时也都有着各自的一套方法。所以即便是在今天,我依然觉得力不从心,因为我不确定要如何开导那些有一套自己固用解决方案却还是忍不住忐忑不安的家长们。

其实,在子女教育的许多领域中,可能都有明确的

"答案"可寻。

比如，每次看关于"问题孩子"的电视节目，我都会感到很无奈，"世上竟然还有这样的孩子"。但更让我吃惊的是能够让"问题孩子"改变的专家们的神奇力量。只可惜，一旦涉及到子女的经济教育，特别是与钱挂钩的问题时，情况就会大有不同。

本来人们在这一领域投入的关注和研究就不多，专家就更是凤毛麟角了。随着近年来媒体和社会对儿童经济教育的关注度前所未有的高涨，这种局面才有所改变，这也说明了社会对经济教育的重要性有了新的认识。不过，有一个现象倒是让人觉得奇怪：在其他领域，肯定会有大量的教授和研究人员以"专家"的身份来提出各种丰富而中肯的意见与方案，而经济领域却恰恰相反，尤其是深入到"儿童"这一领域时，情况就更

不容乐观。在儿童和青少年教育中,"专家最感匮乏和薄弱的领域就是经济教育",这种说法一点儿也不夸张。

一旦专家少了,解决各种问题的经验和方案也就会变得匮乏,能够解决这些弊端的节目或者学习机构就更加寥寥无几。种种因素结合在一起,就成了无法打破的恶性循环链。

在韩国,真正出台针对儿童和青少年经济教育的法律,是在2007年9月。在此之前,能够启发孩子们认识到信用及信用管理的重要性,并反映积分基金和债券等这些在许多家庭看来犹如生活一部分的现实经济现象的教科书和教育机构少之又少。不过,我们没必要埋怨专家队伍的匮乏,因为每个家长,特别是家庭中占经济活动主体的爸爸,都是当之无愧的优秀的"子女经济教育辅导员"。只不过,在过去他们忽略了这一点,或者是一时还没遇到施展才能的机会，或者是勇气还欠缺那么一点点……其实每个爸爸，都可以是当之无愧的经济老师，我对此是深信不疑的。

那么，一直以来人们为什么会对经济教育如此冷漠和不关心呢？如果现在已经开始关注了，那么具体应如何操作呢？特别是作为爸爸，可以做些什么呢？

我从来都不把自己称做是什么"儿童经济教育专家"（其实专家这个称呼，我自己认为是不敢当的），但在过去7年当中我一直没有放弃过"经济教育"的理念，先后推出了深受儿童欢迎的经济教育节目，并且发行了周报《儿童经济报》，它是当前世界唯一一份面向儿童读者的经济类报纸，这也许是唯一令我骄傲的地方。当然，我也从没有忘记要与众多家长和儿童分享这些宝贵的经验，这也是我写这本书的动机。

别误会，这本书并不是要求家长先预习，再按照孩子的理解层次来进行讲解，而是你读完之后可以马上回馈给孩子，与孩子切磋和讨论。自然有趣的故事形式，是这本书所追求的一个目标。书中的"经济小故事"版块，是我们开发并实际应用于现实中的真实的经济教育方法。

另外，我们也试图尽量摆脱儿童经济教育类指导书中常见的有关经济概念与金钱的狭隘范畴，重点从现实生活中孩子们容易看到、听到和体验到的经历中挖掘，就他们好奇的种种现象和将来生存所必须面对的内容进行详细讲解。为了突出这本书即看即说的特点，对于一些必须涉及到的内容，也多采用了父母与孩子对话的方式。

总之，希望这本书能为那些关心子女经济教育却苦于无处寻找解决途径的新潮父母带来一些帮助。

  谨以此书献给始终如一给予我支持和鼓励的各位友人，以及记住我并为儿童的未来发展付出智慧与辛苦劳动的各位同仁。

朴远培

目录

第一章　爸爸，什么叫经济？

生存所必需的一切 / 3

经济小故事 |"经济盲"宙斯带给人类的灾难 / 6

经济教育的目的何在 / 8

从概念到生活经济 / 15

变幻的世界与经济教育 / 17

第二章　当爸爸挺身而出时

爸爸，我的经济老师 / 21

子女经济教育中的五大原则 / 29

经济小故事 | 寿司店里的经济 / 46

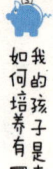

第三章　如何把孩子培养成精明的消费者

经济的六个铁哥儿们 / 49

经济小故事 | 实行经济教育前后 / 52

经济小故事 | 灌输正确的金钱观 / 56

精明的消费者，也是合理的经济人 / 58

经济小故事 | 营销用语真面目 / 70

储蓄成就梦想 / 73

经济小故事 | 身体力行，用眼睛证实目标 / 89

经济小故事 | 利息与利率 / 93

经济小故事 | 定期存款，学校中奇怪的惩罚 / 96

分享中壮大——慈善 / 104

第四章　创意型生产者

投身生产者教育 / 113

父母传授的收益教育 / 126

经济 小故事 | 经济这件事 / 133

投资与信誉额度教育时需注意 / 146

信用就是财产 / 156

第五章　通过零花钱进行经济教育

最好的家庭经济教育教材——零花钱 / 161

经济 小故事 | 有关钱的常识教育 / 167

零花钱管理中的九大原则 / 177

经济 小故事 | 该给的给，

　　　　　　不该给的千万不要给 / 180

第一章

爸爸,什么叫经济?

"每一位家长,都应该从小培养孩子正确的经济观。"

最近这种主张越来越受到人们的关注。在几年前,想要解释什么叫"经济教育"都是一件颇费口舌的事情,如今人们却更加专注于如何寻找"具体方法"。

尽管这个问题不会在高考中占很大比例,但是现如今,在父母对子女的教育中,经济教育的确占据了越来越大的比重。现在,恐怕不会再有人对经济教育的必要性持有怀疑态度了。

那么,生活中的真实情形又是怎样的呢?当孩子稚嫩地发出"什么叫经济"的提问时,能够爽快地给出答案或者积极对孩子进行经济教育的父母恐怕依然很少吧。

什么叫经济?

经济教育到底教什么?

什么叫"正确的"经济教育?

为什么要"从娃娃抓起"?

"每一位家长,都应该从小培养孩子正确的经济观。"简单的一句话却能牵引出一个又一个崭新的提问,而对这些提问给出令人满意的答案,并非一件容易的事情。

错综复杂、尖锐难懂,这种偏见就像无形壁垒一样,使得"经济难搞"成了一个定论,导致了"经济"离我们和我们的孩子越来越远。那么,何不打破这个壁垒,推翻那些固有观点呢?

"经济挺有趣,挺简单,而且挺单纯。"

你需要做的,就是记住这句话,并且按照它来做。

生存所必需的一切

我们的孩子是怎么想的？他们觉得这个世界本来就有琳琅满目的各种物品，钱也比较好赚，只要是自己心仪的东西，就一定能够轻松拥有。然而，即便是商品堆得如山、如海，也不可能如天上掉馅饼般白拿。因为，如果你想拥有某个东西，就必须用钱去购买，而为了赚到这些钱，就必须努力工作。钱，是相当稀少的资源。稀少性，能够很好地为孩子们解释为什么人不可能轻松拥有所有物品。

🧢 爸爸，什么叫经济？

👨 孩子，人的欲望是无止境的，而能够填满这些欲望的金钱、时间、物品和服务却始终显得那么匮乏。这种状况，经济用语称为"资源的稀少性"。

🧢 稀少性？

👨 嗯，就是说大家都很想得到，然而能够满足大家欲望的资源却比较匮乏。需要的人很多，但是资源很少，如果这种状态一直持续下去，你猜会怎样？

我想他们肯定会大吵起来，争抢自己想要的东西吧？

嗯，是的。力气大的人或强国，肯定会想要抢夺力气小的人或弱国手里的东西。如果放任这种状态发展下去，那么恐怕就没有现在的灿烂文明了。好在人类很聪明，找到了能从这种窘迫的"稀少性"中解放自己的方法。我觉得，这也是人类和动物最大的区别。

到底是什么呢？

人们利用技术拥有了收获更多东西的方法，还学会了制造出世上本没有的全新东西。对于无法重新制造的东西，则采用有效消费和循环再利用的方法，甚至推出了一套"按劳分配"的方法，这就叫经济。

这就是经济？

对，这就是经济。经济的定义是：财富和服务的生产、消费以及分配等所有行为。生产是指人类从事创造社会财富的活动和过程，包括物质财富和精神财富等，消费指的是人类通过消费品满足自身欲望的一种经济行为，分配则指参与生产活动后得到的回报。

哦，我明白了。爸爸在公司里努力工作（生产），到了月底领工资（分配），还有我用零花钱去买香甜的饼干吃（消费），这些统统都是经济，对不对？

> ●爱心小提示
>
> 经济定义为"财富和服务的生产、消费以及分配等所有行为"。生产是指利用土地、水、树木等天然资源以及人类的劳动力、各种材料、设备制造财富和服务的过程，消费指的是使用和利用，分配则指参与生产活动后得到的回报。

🙂 对了。我们生存所必需的就是经济，而为了生存下去所进行的所有活动，都可以称为经济活动。

🙂 那么，财富和服务又是什么呢？

🙂 财富就是有着具体形状的东西，如铅笔、玩具、比萨、可乐、手机、存钱罐、玻璃和汽车等你身边可见的所有东西，它们都是财富。

🙂 那服务呢？

🙂 服务嘛……它可没有具体的样子，不过你想得到它，就必须付出代价，它属于"劳务"。就像你当医生的叔叔一样，他给别人看病的活动，并不像桌子或电脑那样有具体的形状，但是患者想得到他的诊治就必须支付相应的代价，这种行为就叫服务或者劳务。我们在理发店理发、学生在学校听老师讲课、律师在法庭上辩护、商场职员在销售手机、球员进行比赛等，这些既是生产活动，也是经济活动，但它们又是没有具体形状的服务行为。

🙂 不过……服务不应该是免费的吗？

🙂 呵呵，你说的是"奉献"吧？它可不是正确的经济用语哦。

🙂 哦，原来是这样。不过，爸爸，分配好像听起来还比较难。分配不就是分得吗？

🙂 是的孩子，就是分得。人们参与生产活动，得到成果，再把它进行分配。像我们工作所得的工资（薪金）、把地租借给别人所收的地租（租赁费）、把钱存入银行所拿的利息、投资所得的收益（红利），都属于分配。分配活跃，就表示经济运转畅通。

"经济盲"宙斯带给人类的灾难
——希腊神话中有关金苹果的故事

海之女神西蒂斯与珀琉勘斯结婚之日

这一天，音乐女神缪斯和其他众神都受邀前来庆祝婚礼，唯独不和女神厄里斯没有收到邀请。对自己没有受邀怀有不满的厄里斯，将一份代表热情和爱的礼物——金苹果，抛到宴会中央，但这个金苹果上写着"献给最美丽的女神"，而当时在宴会上的战神雅典娜、宙斯的妻子赫拉和爱神阿芙罗狄蒂都认为自己才是最美丽的女神。

帕里斯的选择

这下难坏了众神，就连宙斯也感到很为难，因为不管把苹果送给谁，其余的两位都会心存怨恨。三位女神为争夺金苹果争吵了起来，并且这场争夺战一直持续了数十年。最后，宙斯决定找一个平凡的人来决定此事，自己好从中脱身，他最终选择了特洛阿斯（特洛伊一带）的伊达山上的帕里斯。帕里斯的父母本是那个地区的国王，而自从梦见帕里斯火烧特洛伊后，就将儿子驱逐出王宫，让他与放牧的牧童们一起成长。帕里斯经过万般曲折，最终重新夺回了本该属于自己的一切。

宙斯的使者赫耳墨斯带着宙斯的指令找到帕里斯，让他从中选择一位最美丽的女人。而得知这一消息的三位女神，早已向帕里斯许下了足以让他倾心的承诺，求他选择自己。

雅典娜女神以战场上的胜利与智慧为承诺，赫拉许诺给他整个亚细亚的统治权，而阿芙罗狄蒂则许诺将世界上最美丽的女人许给他。帕里斯犹豫了许久，怀着与美丽的妻子共度天伦之乐的美好憧憬，最终选择把金苹果送给了阿芙罗狄蒂，而被激怒的赫拉和雅典娜都摩拳擦掌等待着复仇的机会。

有一天，帕里斯和哥哥一起作为和平使节访问敌国希腊，在阿芙罗狄蒂的帮助下，他带着希腊的王妃——世界上最美丽的女人海伦，仓皇逃回了自己的国家。

于是，希腊联手其他国家一起进攻特洛伊，引发了特洛伊战争。在这场战争中，两国损失惨重，失去了不少无辜的生命，特洛伊也沦为了一片火海。

如果宙斯精通经济

特洛伊战争的导火线在于金苹果只有一个，而想得到它的女神却有3位。类似这种需求量大而能够满足这种需求的财富相对匮乏的状态，就叫做稀少性。在这个故事中，金苹果就具有稀少性。那么特洛伊战争真的就不可避免吗？我倒认为，如果宙斯精通经济，并且能够善于解决稀少性问题，也就不至于发生这种悲剧了。

譬如，宙斯可以多造出两个金苹果，或者把苹果种下来，让它快快长大，结出足够多的金苹果来分给三位女神，通过生产活动来防止悲剧的发生。再或者，干脆把苹果一分为三，平均分给她们（分配），确保每个人都能得到苹果（消费），也是可以避免悲剧发生的。

经济是包括生产、消费和分配的一切活动，无所不能的宙斯如果懂得了生产、消费和分配，不就完全可以避免那场战争了吗？

这个神话故事很好地说明了资源的稀少性以及没能圆满解决这种矛盾时可能引发的悲剧。

索要的人很多，而资源不足时，如果不及时改变这种状况，任其发展下去，就会由强大的人、集团或国家独自霸占。而在这个过程中，为了能够多抢占一些，必然会发生争执（战争）。事实上，资源的稀少性往往与战争紧密相关。

经济教育的目的何在

"经济教育的目的在于培养子女对事物的理解能力,使他们在日常生活中遇到各种紧急情况时能够独立分析和理解,而且在面临具体经济问题时能够找到合理且富有新意的解决方法。"

7次教育课程中整理出来的有关经济教育目的的这段话,听起来有些生硬,但是只要能够在子女经济教育中遵循这一条,我们就能够顺利开展经济教育。

🔵 错误的经济教育方式

通常爸爸在决定给孩子进行经济教育时,都会去书店买一大摞与之相关的书籍,也算是迈开经济教育的第一步。也许正因此,最近有大批儿童经济类图书如雨后春笋般涌现。其中值得称赞的,要数阐述经济概念的书籍了,因为经济教育的出发点也要定位在"概念理解"的层次上。首先要懂得经济概念,然后理解经济原理,

> **爱心小提示**
>
> 经济教育的目的在于培养子女对事物的理解能力,使他们在日常生活中遇到各种紧急情况时能够独立分析和理解,而且在面临具体经济问题时,能够找到合理且富有新意的解决方法。

并以此为前提来分析生活中出现的各种经济现象，最终作出合理的选择。

而问题在于，我们的爸爸通常只满足于将孩子培养成"经济用语小博士"，其实正确的方法应该是在教给孩子经济用语后再教他们如何在实际的生活中运用这些知识，否则就会像掌握了大量英语词汇的孩子在面对外国朋友时却成了哑巴一样，使得过去错误的教育方式又出现在子女的经济教育中。

◎ 经济教育其实也是生活教育

我们教育孩子经济知识的最大目的之一，就是让他们能够理解经济现象。如果不理解，灌输再多他们也未必能够明白。对事物的不关心或冷漠，则干脆剥夺了孩子了解真相的机会，结果只能令人后悔错过了解决问题的有效时段，也丢掉了防范于未然的机会。经济是活生生展现在孩子们眼前的一种"现状"，是生活本身，因此在没有理解眼前的现实之前，就无法期待他们能够踏上正确的人生之路。

◎ 如何才能"丢掉芝麻捡西瓜"

经济，无非就是琢磨为了什么、投入多少资源、得到怎样的结果、作出怎样的判断和行动等问题。我们在生活中所经历的所有问题都是经济问题，只要我们在这个世界上生活一天，这个问题就会一直围绕在我们身边。

正如其他所有难题都有一套解决方法一样，经济问题也肯定有自己的解决方法，而这个问题带给我们自己乃至孩子一生的影响，将大大深远于其他领域。一种耐用材质的选择，也许能左右十年行情，而经济问题则会影响我们的整个人生。如果爸爸能够回顾以往的经历，那么这将成为最生动的教材。如果不想让自己这一辈"早知如此何必当初"的懊悔和遗憾流传给下一代，就必须及时引导和教育子女，使他们在面临经济问题时能够作出最合理的选择，这就是经济教育。

> **爱心小提示**
>
> 经济，无非就是琢磨为了什么、投入多少资源、得到怎样的结果、作出怎样的判断和行动等问题。我们在生活中所经历的所有问题都是经济问题。

◉ 理想的教育方法，助我们找到正确的选择

人们靠不停的选择来延续生命，或者可以说，活着本身就是不间断的选择的延续。

周岁时，面对满怀期待的父母摆出的铅笔（学问）、长线（寿命）、钱（财产），我们将作出人生的一次选择。而我们开始牙牙学语时，又往往会被动地面临长辈们友善的"爸爸好还是妈妈好"问题的选择。

教育是为了让人们掌握合理选择的方法，经济教育正是"帮助人们作出创新而又合理的决定的教育"，换言之，它是人生中必需的"教育之教育"。充实的人生，可以靠"正确的选择"来实现，通过正确的选择，可以将梦想和目标变为现实。

正确的选择，首先必须是富有创意的。教导我们的

孩子自己思考、自己判断并且自己付诸行动，也就是为孩子培养能够创意地解决问题的能力。而经济教育就是教导我们的孩子掌握能够创意地解决眼前面临的有关人生问题的方法。

从小对孩子进行正确的经济教育，实际上是指导他们作出"合理的意识决定"。经济不像语文、英语、数学那样属于"学习"，而是一种切切实实的"生活教育"，一种"习惯的培养"。经济教育从娃娃抓起最有效，也是由此得出的。经常听人们说其他形式的教育是"鱼"，而经济教育是"捕鱼的方法"，甚至是身体力行"用实践体验捕鱼经验"，这也是因为生活教育与经济密不可分。

所谓"合理的意识决定"，实际上是指忠实于经济原则的合理选择。

经济原则是用最小的投入获取最大的成果，即丢了芝麻捡西瓜。忠实于经济原则，也就是说人们在一生中尽可能地慎重选择，免得以后后悔。富有创意而合理的意识决定具体体现在孩子们的生活当中，这一现象可归纳为"精明的消费者——富有创意的生产者"。

精明的消费者

精明的消费者往往很清楚自己的需求，更懂得这种需求绝非唾手可得。他们深知，为了满足这些需求，什么才是最佳的选择。

大多数爸爸都会教导孩子"花钱省着点儿"，一旦孩子稍微花钱不节制，他们就会唠叨起来，如"让你刨开地球试试,看会不会挖出十个铜板来"之类,通过各种方式逼迫孩子要比以前更加节省,并把这视为教育的成功。

当然,我并不是说这种教育就是错误的。只是想强调,如今的爸爸们,是不是也应该升级为可以教导孩子"钱应该花在正道上"的水平了呢?即相比"物理性的节约",更应把焦点凝聚在"合理的选择"上。这不仅包括如何理解需求本身,而且还表示,仅仅一味地追求控制,绝非是明智之举。真正聪明的小消费者,应该能够理解由于资源的匮乏所导致的人们不能拥有自己所渴望的一切这个道理,因此,每个选择都必须是经过反复斟酌的,好让自己不会在将来后悔当初的选择。也有一些父母对此表示怀疑:"这可能吗?"这,果真可能吗?

● 爱心小提示

精明的消费者往往很清楚自己的需求,更懂得这种需求绝非唾手可得。他们深知,为了满足些需求,什么才是最佳的选择。

创意型生产者

把孩子培养成为"精明的消费者",每位家长应该都有自己的一套方法。

只要是平日注重对子女教育的家长,就不难找出几种方法来。如果有人问我,经过长年的教育和实践经验,认为哪种方法最为有效,那么我会告诉他们是"生产者教育","生产者"可以说是"消费以外的所有一切"。

爸爸给孩子的"钱",是经济活动的产物。现在家长的消费者教育,大都为"给孩子产生物(现金、财富)—不知晓过程(允许的前提下)—省着用"这种模式。而这种教育的局限性在于，孩子也许能理解为什么应该节省开销、珍惜资源，却很难管得住自己。如果孩子没能真正明白其目的，那么父母光是在口头上进行反复强调，又有什么用呢？能够解决问题的方法，也许只能是明确告诉他们，何为生产与生产者的关系、何为合理且创意型的生产与选择、产品诞生的具体过程是什么等，并让他们通过亲身体验来理解。

"这孩子太没有金钱概念了。还以为钱是从天上掉下来的，花钱就跟流水似的。""我都说破嘴皮子了也没什么用，有时我想是不是因为孩子看到了大人大手大脚消费才会这样，导致我现在都去折扣店或者类似的百货店购物，并尽量避免让他跟着，不过也没有什么显著的效果，这可如何是好呢？"

每当这时，我就会推荐他们带孩子去逛"跳蚤市场"（我将在后面的章节中详细介绍有关这方面的内容），跳蚤市场是"消费者体验生产的最佳选择"。如果你在跳蚤市场中买卖东西，那么自然而然就会暴露于商品、流通、价格、市场及营销等与生产和生产者等相关的因素中。

哪怕只是几个小时的短暂经历，也肯定会让孩子产生非同一般的感受。看似同样的钱，过去一味接受的家长的钱和站在跳蚤市场中自己挣来的钱，肯定是不同的。如果家长想改变孩子的经济活动表现，那么我建议他们在明确告诉孩子过程后，就放手让他们自己去改变吧。我想，这应该是更为有效的方法。

特别是生产者教育基本上可以说是"创意型教

育"。所谓创意型，就是指想别人所不想的，用全新的想法去思考和判断，并付诸行动。近年来，社会对于创意型经营和创意型人才的关注度越来越高了。

韩国的大企业都会强调"创意型经营"，而世界的创意型经营大企业也纷纷来韩国寻求合作。

如果想给孩子一个光明的未来，那么可以将打造"创意型生产者"的训练作为你的第一个实践目标。

这种训练的具体答案全部蕴含在经济教育之中，试想一下孩子将借助爸爸传授的经济学去开创自己的创意型未来，你是不是也会为之心潮澎湃呢？

所以，也有人直接说："经济教育是为了孩子的理想型教育，也是未来的发展方向！"

> **爱心小提示**
> 所谓创意型，就是指想别人所未想的，用全新的想法去思考和判断，并付诸行动。

从概念到生活经济

经济教育是一股热潮，是众望所归的事。虽然通常可以用"经济教育"四个字来概括，但它所包含的内容和方法却千差万别。由于经济与"生活本身"即我们生存的一切息息相关，因此将其具体解释为"什么是标准答案"，似乎并不是一件容易的事。说归说，它终究还是要有个原则的，这个原则就是"综合教育"。既不能把焦点片面地放在"经济根本性理论"上，也不能简化为"金融行业作为营销工具一样的金钱管理（储蓄、投资和保险等）"，我们更不能向小学生大谈房地产或投资等内容，过分强调该如何挣钱。综合上述种种因素，经济教育定义如下：

1. 传授经济用语与经济原则（最小的投资与最大的效果）等核心概念。
2. 传授实际生活中经济的具体运转方式及原理，让孩子有自己的合理思维，并懂得独立进行选择。
3. 进行实物经济教育。

经济教育的核心在于，通过解决问题积累经验和生活智慧。人生如无数个选择的延续，如何才能作出正确而合理的选择并实现梦想？这便是经济教育的目的所在。

经济教育的三个要素

教育领域	重点教育对象	具体教学内容	教学方法
经济知识	经济概念与原理的理解	交换、货币、市场、价格、生产、贸易等符合小学教育水平的经济概念及原理	学校教学课程（小学三~六年级）家庭教育（图书、报纸等）
培养经济型思维	培养"经济慧眼"	理解经济活动的原理，培养用经济慧眼（合理的选择）来进行思考和选择的习惯	在生活中寻找经济原理，培养合理性与有效性
生活经济、实战经济	消费、储蓄等实际经济生活	在实际生活中正确管理金钱的方法、在实际经济活动中的体验、目标的建立并为之努力	零花钱管理 灌输正确的金钱价值观 传输公共生活与目标意识

正如我们的生活是思考、行动、选择和知识的集合体一样，经济教育也是综合性的。相比强调某个特定领域，更应该注重综合性的人生教育，哪怕是很短暂的也好。对于子女的经济教育节目，也应该基于这种标准进行选择。教育应有助于孩子理解生活中的经济原理，使他们能够作出富有创意且合理的选择，这才是正确的经济教育。

> ▶爱心小提示
>
> 人生如无数个选择的延续，如何才能作出正确而合理的选择并实现梦想？这便是经济教育的目的所在。

世界经济环境风云巨变,以世界化为例,我们应如何在FTA(自由贸易协定)为代表的世界经济环境中向孩子灌输经济意识呢?

开放化世界,要求21世纪的人才必须具有以下3种能力。

第一,沟通能力。在开放化世界中如果想要和他人交流并实现梦想,就必须具有以英语为中心的外语能力。

第二,信息分析能力,并依据它来找出合理对策的能力。

第三,理解经济的基本概念,培养经济思维,懂得金钱价值,并善于管理的能力。

亚洲人,尤其是中国、韩国、日本人非常重视子女教育。其中,根据中国教育部网站数据显示,2009年中国出国留学人员总数为22.93万人,比2008年增加4.95万人。截至2009年底,出国的留学人员共有112.34万人,其中82.29万人正在进行专科、本科、硕士、博士等阶段的学习。

与这种热闹情景相反,经济却一直被误解为与教育无关的课题。大多数家长认为孩子到了一定年龄,自然而然便会懂得,并且认为对小小年纪的孩子进行经济教

爱心小提示

开放化世界,要求21世纪的人才必须具有3种能力,即沟通能力,信息分析能力,理解经济的基本概念、培养经济思维、懂得金钱价值并擅于管理的能力。

育上的投入,简直是"无稽之谈"。那么,让我们也回顾一下吧,当我们的孩子提问:"爸爸,我们家一个月的收入有多少?""妈妈,为什么我们家比同学家要小得多啊?""我想挣好多好多钱,不过要怎么做才能实现呢?"做父母的我们到底是怎样回答他们的?

近年,经济逐渐被人们重视起来,也逐渐被看做是教育的一项内容,但其关注度相比英语或数学,还只能说是差之甚远。

似乎已经到了爸爸们挺身而出的时候了,如果我们投入更多的关心,肯定也会有不菲的收获。

是的,刻不容缓。我们必须积极且虚心地去倾听孩子的心声,解答稚嫩的他们对经济、金钱及生活提出的种种问题,并积极引导他们参与到生活中的各种经济现象和问题中,使经济教育变得自然而轻松。

孩子们对经济表现出极大的兴趣,如果爸爸们又肯积极地为他们解答这些问题,那么将不仅满足他们的好奇心,还能传给他们一生受益的宝贵财富。类似英语和电脑学习,可以把孩子送到培训学校或专家组接受指导。然而经济却不同,必须由父母身体力行才最为有效,父母将成为他们最好的老师。承认经济教育必要性的家长逐渐多了起来,但目前还没有合适的培训机构来教孩子这些内容,而且我们所要灌输给孩子的也并非"经济学",而是生活的智慧和实践的能力。因此,这种教育在家里进行就再合适不过了。只要是接受过正规教育,并且已经开始担负起养家糊口任务的人,大都会有一套生活中的经济观点传授给孩子。

第二章

当爸爸挺身而出时

Q：在子女的经济教育中，为什么爸爸起到的作用会更加有效？

A：人们通常认为，子女的教育理所当然是妈妈的分内之事。的确，为了更好地教育子女，妈妈们会不断地去充电，并搜集各种信息，积累育儿经验。爸爸们则因忙于工作，而很少参与到子女的教育中来。随着这种趋势日益两极分化，要求爸爸们改变角色的呼声也越来越高。同样，我也认为爸爸们是完全可以胜任这种教育者角色的，尤其是经济类教育恐怕非爸爸们莫属了。

Q：请问理由是什么？

A：爸爸们的社会生活本身就贯穿着各种经济活动。经济类之所以属于社会类，是因为经济不仅涉及到理论的知识，爸爸们的社会活动也将是孩子们经济教育中的最好的教材。为培养孩子的经济观和经济头脑，每位家长都是责无旁贷的。从小接受经济教育的孩子与没有接受这方面教育的孩子的未来，肯定是截然不同的，这一点已经在欧美国家得到了证实。因此，希望我们的爸爸们能以此为契机，通过对子女的经济教育重建爸爸的高大形象。

Q：适合爸爸担当的教育领域，具体有哪些呢？

A：经济教育的领域比较宽泛。我虽然说过爸爸们是最佳人选，但并不表示妈妈们可以放手不管，最佳的方法是做好角色分配。妈妈们更适合教育孩子们如何学会积累、如何管理零花钱，以及告诉什么是市场、价格、节约、再利用与参观货币博物馆等现实中的具体体验活动形式的教育。而爸爸则适合引导孩子体验股市、基金等投资领域，并与孩子积极探讨经济活动中蕴含的营销与经济原则，以及与国际经济相关内容的教育等。这种角色分配，会让我们的爸爸们比妈妈们更具说服力。

爸爸，我的经济老师

其他领域暂且不说，仅就经济教育而言，爸爸肯定是最佳人选。经济并非人们所想的那样属于专家专属的领域，也不是特殊人群的专业领域。只要是爸爸，都可以胜任子女的经济教育。

我们不妨一起看看其理由，这也是对那些怀疑"我是否能胜任孩子的经济教育"的爸爸们的一个有力回复。

> **爱心小提示**
> 子女的经济教育之所以说由爸爸承担更为有效，是因为爸爸的社会生活本身就贯穿着各种经济活动。爸爸们的社会活动经历，将是孩子们经济教育中的最好的教材。

◎ 经济也是生活

当家长觉得孩子英语、数学、语文、口才能力比较差时，可以送孩子去相关的培训学校或请家教，以此帮助孩子提高能力。如果在教育孩子的过程中出现一些难题，一时又想不出恰当的办法，则可以请专家来支招，虽然费用不菲，但是委托比较专业的人员应该也是值得的。

> **爱心小提示**
> 经济也是生活，因此经济教育便是生活能力的教育。生活中最佳的教育空间就是家庭。每对父母都是最优秀的老师。

那么经济呢？一旦认为有必要对孩子进行经济教育时，我们应该怎么做呢？

在这个问题上，似乎没有既成的系统理论可供家长们参考。其实，经济教育大可不必兴师动众。别忘了，经济也是生活，因此我们要做的不是知识的灌输，而是生活的教育。生活中最佳的教育空间，就是家庭，因此父母是最佳的老师，特别是爸爸，他们作为家里的顶梁柱，每时每刻都奔波于经济活动中。作为父母，可能都有这种感受，孩子到了一定年龄，大致都可以自己理解一些基本的常识性内容。例如，家里的孩子一旦上了小学四年级，你在辅导他做数学题时，就可能开始觉得有些吃力了。至于英语，大部分爸爸可能都要举手投降了。口才？那就更没有接触过。但是经济，就与这些科目不同了，爸爸丰富的经验和知识，足够赋予他们教育子女经济知识的资格。

家长需要为孩子提供的经济教育，不仅包括概念和原理，更应注重如何让他们在现实生活中实际运用这些知识。

最终目的是让他们学会如何作出合理的选择。我们生存的这个世界里，无论企业、机构还是家庭，都在遵循经济原则。我们经济教育的目的，就是让孩子们看到、感觉到和学到这些知识，并将其应用到生活当中。

一句话，子女的经济教育就是生活教育，这是最为经济、有效（投入最小而收获最大）的教育方法。

享誉全球的美国《华尔街日报》曾刊登一篇文章，内容为"家庭式明智财务管理方法"，该文章提出一句著名的口号:"把它贴到你的冰箱上!"

贴上的具体内容是:写下与财务管理相关的5个课题,贴到冰箱上;写下你的储蓄目标,贴到冰箱上;列出过去你所犯下的5条愚蠢的经济行为,贴到冰箱上!

《华尔街日报》一直在坚持做一件事情,就是在每年的新年伊始,根据当年的情况,在报纸上刊登财务管理主题,其中最为有名的就是2007年刊登的"贴到你的冰箱上"。

《华尔街日报》的这一绝妙提案,正说明了金融理财并非专属于某个特定时期的特定人群,而是普及到每个平凡的家庭当中,使他们在每次开、关冰箱门时都可以提醒自己,并使之变为生活中的一部分。其实这里也包含着另一种含义——金融管理其实就像管理家里的冰箱门一样简单。

我们的爸爸需要做的,就跟《华尔街日报》的"贴到你的冰箱上"一样轻松。在经济教育中运用到的例子,都是生活中的故事,尽可能把日常生活中常见的素材当做教材,让孩子们感觉到这就跟开、关冰箱门一样,没什么神秘和大不了的。这种轻松和简单易懂的方式,才是有效的关键所在。

家庭是个经济教育场地

家庭是经济核心主体中的一个。

家计(家庭经济)、企业(盈利机构)、政府(掌管国家事务的主体)是"经济三大主体"。而家计本身,既是经济活动的舞台,也是教育场地。

哪怕家长执拗地坚持"我可不懂经济""我专攻的不是经济学",但家长早已作为经济的主体进行着各项经济活动。企业是"追求效益的个人或集团",个体经营商是企业家,大公司的职员也是企业家。爸爸们一旦拥有了作为经济教育主体的信心时,就可以摇身一变成为出色的子女经济教育老师。

我们所要传输给孩子的并非晦涩难懂的经济术语,也不是为孩子讲解复杂而高难度的统计计算,更不是为了让他们学会炒股来片面地要求他们管好零花钱,这些都只是学会最佳选择和合理选择的若干因素而已。

只不过是在作出最佳选择时,为了判断的有效性,需要经济术语或股票、零花钱管理等这些内容罢了,而并不是说这些内容本身就是教育内容。所以,我们并不要求孩子们精通经济学原理,也不要求孩子成为股票神童,精明到投资时就懂得留下行情差额。当然,如果对这些一无所知,那么教育起来恐怕也会有些难度。这里想要强调的是,经济教育不要求很高的专业性,只需一点点关心和投入,所有的爸爸都能成为孩子最好的经济老师。

在对孩子进行经济教育的过程中,可以很好地活跃家庭成员的交流和沟通氛围。我们不难看到这样的现象:有些孩子对英语有着很好的天赋,不亚于外国人;有些孩子数学天赋相当好,频繁参加各种大赛……但这些都无法成为家庭成员们平时谈话的主要内容,因为这

> ● 爱心小提示
> 经济的三大主体是家计(家庭经济)、企业(盈利机构)和政府(掌管国家事务的主体)。

些纯粹性的知识不容易带来其他成员的共鸣。当然，我们有时也可以通过电视看到一些家庭流畅地用英语交流，暖意融融，但这并不是普遍现象。何况相比他们为了达到这一效果而投入的时间和金钱，这种场面效果并不能说肯定是有经济效益的。而经济教育就不同了，金钱的意义和价值、物价、市场、所得和消费、储蓄和利息、税金、如何购买好东西、如何节省钱……只要是这些平时生活中常见的现象和经验，再添加些基础性的概念和原理，那么无论你是在饭桌上或在观看电视节目，还是在逛商场、折扣店或者在快餐店里，都可以与子女们畅谈经济内容，做一个随时随地为孩子传授知识的贴身老师。

经济领域的大门需要家长开启，而教育则会由社会来进行。生活本身就是经济活动，也是老百姓们关心的头等大事。只要进行了必需的教育，哪怕没有后续的专业教育，社会也会教会他们独立感受和体验社会的能力。

其他领域的教育，大多会随着孩子年龄增长而必须增加相应的投资，但经济教育不同。经济教育只要"从小予以正确引导"，那么随着孩子的成长，就会自然而然地使他们实现自我充实和完善。许多家长也高兴地表示，随着他们对子女经济教育的关心和与孩子对话时间的增加，他们在孩子心目中的地位也提高了不少。

经济教育也是好习惯的培养

几年前，首尔某中学的高三学生期末考试后，邀请我为他们上了一堂经济教育课，没想到课后他们的校监（该职位在社团主办的学校中较为常见，是名义上的学校最高首长，主要负责主持校董会，决定学校长远发展）找我谈话。

谈话中他忍不住多次强调，经济教育必须引起家长的足够重视，而且要从娃娃时就开始。他很坦诚地说，那天的课也是根据他自己的经历才特意安排的。他和我讲起了自己的儿子：

孩子上高二那年，有一天他在家里发现了一张金额为15万韩元（1韩元折合人民币0.0055元）的发票，落款为首尔某个高级餐厅。其实他们这个三代同堂的家庭，一直过着简朴的生活，不可能有这种奢侈的消费，这让他深感蹊跷。

更严重的是，之后的一段时间内，这种高额的发票陆续被他发现。他再也坐不住了，经过调查，很快就知道了这都是儿子消费的。他很奇怪每个月给儿子的零花钱才不过几万韩元，怎么会有如此高额的消费发票呢，而且不是一两张。逼问之下，儿子才道出了实情："我翻了爷爷、奶奶和您的钱包，我对不起你们。"

而更令他没有想到的是，这并不是最近才发生的事，孩子从初二开始就已经有了这种小偷小摸的习惯，到现在已经3年了。随着数目不菲的钱陆续轻易到手，加上年

> **爱心小提示**
>
> 经济教育应趁早。因为经济教育与习惯有着密不可分的关系。在培养孩子正确习惯的过程中，起着决定性作用的便是父母。

龄也在一点点增长,孩子的消费胃口也越来越大,很快就成了一种痼疾,现在几十万韩元的消费根本就不知道心疼。

这件事让一家人一下子陷入了难以承受的打击中。作为老师,本应该正确引导孩子,而此时面对自己的孩子,他却感到了从未有过的挫败感。"我连自己的孩子都教育不好,还……"

但是他并没有真的就此放弃。从那天起,全家人齐心协力,努力纠正孩子的错误消费习惯,并帮助他管理好零花钱。随着高三学习任务的加重,孩子将大部分精力投入到学习中,过去的不良习惯也一点点有了改变,等到了大学一年级时,已就彻底改掉了这个毛病。

经济教育应趁早,因为经济教育与习惯有着密不可分的关系。单纯的知识性教育只要在必要时进行就可以了,而经济教育往往与生活、思维和行为息息相关,很容易变成习惯。如果不及早对孩子予以正确的引导和干预,很容易让孩子养成不好的习惯,而那些习惯会在今后的经济活动中成为孩子的绊脚石。

如今,主张培养孩子正确经济观和习惯的呼声越来越高。这不仅关系到个人,而且关系到国家竞争力的问题。目前,韩国的信用不良用户中有10万多名是10~19岁的青少年,有100万名是20~30岁的年轻人。这种现状必然会对个人与国家造成损失,而这也同时说明通过经济教育培养孩子良好习惯的重要性。

在培养孩子习惯的过程中,起到决定性作用的就是

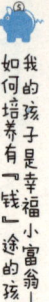

父母，尤其是爸爸。由于他们肩负着家计重任，又是公司职员，是过来人，因此在教育子女时，他们的话显然会更具有说服力。

子女经济教育中的五大原则

◎ 打破固定观念

我们一起回顾一下前面所提过的问题,看看是否能够寻找到令人满意的答案吧。

"为什么过去人们对经济教育不闻不问呢?"

"如果说已经开始对此关注了,那么具体应该怎么做呢?"

"作为爸爸,可以做些什么呢?"

这些问题根据不同理解,可以有正反两种答案。"对"与"错"、"赞成"与"反对"、"可以继续"和"必须立刻停止"等(有关这些内容,将在后面有关消费与零花钱的章节中进行详细介绍)。

Q:我家孩子今年8岁,每次给他零花钱,他都会统统拿去买游戏卡。请问,这种情况下,我以后还要继续给他零花钱吗?

A：可以继续给。对他痴迷于购买游戏卡的情况，应试图寻找纠正的方法，而不是连孩子自由支配金钱的权利都给剥夺掉。

Q：常听人家说，零花钱最好包括购买学生用品和书本的费用。我也是这样做的，只是没想到，孩子把这些钱都用在其他地方了，等需要用文具时就跟同学借。我也不知道如何是好，干脆一分钱也不给他了。

A：跟同学借用，总不是长久之计，不过如果能一直跟同学借着用，倒也是不小的本事。这可是个很好的"借题发挥"的机会啊，当孩子零花钱使用不当时，家长可以教他如何正确使用零花钱。如果干脆一分钱也不给了，岂不是浪费了一个很好的教育机会？

Q：我给孩子制定了一套作息表，但他并没有怎么遵守。我承诺，他只要按照作息表好好表现，我就增加他的零花钱。没想到效果立竿见影，不过，我要继续这种方法吗？

Q：我家孩子说要靠自己的能力给爸爸买个生日礼物，要我们在他每次看一本新书时就给他100韩元作为奖励。我们觉得孩子挺懂事，就同意了。后来孩子还真的给爸爸买了份礼物，老公收到礼物高兴得合不拢嘴。当时我觉得这事儿还真不赖，不过没想到，现在他每次看书都要跟我们要钱。能培养读书习惯倒是挺好，但是把书和金钱联系起来总让人觉得怪怪的。

A：这两种方式必须立刻停止。虽然世上没有免费的午餐，但也不表示所有事情都必须与金钱挂钩。早晨起床后叠好自己的被子、帮妈妈做点家务、整理自己的书桌，这些都是经济活动，但很显然是不需要什么代价的。类似按照作息表实践或读书的行为，都属于这一类，根本没必要跟金钱挂钩，这种做法在社会上也是行不通的。家庭教育，事实上也是为了正确地进行社会生活而事先进行的教育。

为了子女的未来，做爸爸的必须打破固定观念。我们总不能让孩子一直在经济（特别是金钱）禁忌和偏见的歪曲环境里"干净地"成长。不妨看看下面的对话，看自己在面对子女的类似提问时，是否也犯了类似的错误。如果你也像这里的爸爸一样，那么建议你一定要立刻改正。

"爸爸，你一个月能挣多少钱呢？"

➡ "小毛孩儿，少问这些没用的，至少送你去美国留学是肯定够用了。"

"爸爸，为什么我家的房子比小雨家的房子小很多呢？"

➡ "小孩子不用操心这些事，你就好好学习就行了，明白吗？"

> **爱心小提示**
> 为了子女的未来，做爸爸的必须打破固定观念。因为我们总不能让孩子一直在经济（特别是金钱）禁忌和偏见的歪曲环境里"干净地"成长。

其实你完全可以把这些问题看做是很平常的问题，就像过去孩子问你的那些五花八门的问题一样，如："爸爸，天空为什么是蓝色的？""为什么吃过饭之后，总会觉得很困呢？""飞机为什么可以飞上天呢？"当孩子问这些问题时，我们的爸爸们大多都能够温柔地回答："我的宝贝好奇心好强啊。不但有好奇心，还努力想要得到解答，宝宝的这种努力真的很棒，很让爸爸高兴。以后要是有什么不懂的，别忘了也要问爸爸哦，爸爸肯定会做你的超级博士！"

而"一个月工资"呢，最终被认定为"没用的问题"，这种情况如果反复几次，恐怕孩子对与金钱相关的事情就不再关心而变得不闻不问了。为什么爸爸妈妈们想不开呢？经济问题其实跟自然现象一样，是孩子成长过程中都要出现的自然现象。遗憾的是，对自然现象的提问"眉开眼笑"、对金钱提问"深恶痛绝"的爸爸并不在少数。

"爸爸，究竟有多少钱才算富翁呢？"

"这个嘛，当然是越多就越好了，至少也要有个10亿韩元才能称得上是富翁吧。"

富翁为什么能挣那么多钱？怎么样才会变成大富翁？孩子们往往对"富翁"充满着好奇，如果想让孩子正确理解经济教育，那么最好避免"现金10亿韩元""房地产要有50亿韩元"等用数据作为标准的暗示方法。类似这种大额数据标准，可以在"营销战略"阶段教给孩子们。我们有必要明确告诉孩子们，银行、保险公司、证券公司进行的客户金融交易和投资活动，以及与此相关的那些报道，其实都只是为了吸引读者眼球的商业策略而已。真正的富翁，并不是那些有很多钱的人，所以，富翁这个概念，也没有具体规定他的现金或总资产必须在多少数额以上。

要想实现梦想，就必须有钱。如果说"挣很多钱本身就是梦想"，那么这个梦想未免也太不幸了。因为，人通常都很难满足于现状，这是人的本性。"拥有了足够可以实现梦想的金钱时，才称得上是真正的富人"，如果我们的许多爸爸们也同意这一观点，那么他们肯定也能摆脱过去的陈旧观念。

"我还真不敢掉以轻心，学了经济后孩子万一变得见钱眼开了怎么办？"

给孩子一双经济慧眼

"经济学"通常给人晦涩难懂且枯燥的印象，这种固定观念也使很多人对此避而远之。请记住，我们要为孩子们讲述的绝非"经济学"，而是经济，并且是生活中最常见的经济。它绝不是空泛的理论，而是生活中随处可见且能够有助于身体力行的实物经济。

不是要教孩子如何成为守财奴，而是要教孩子怎样才能做个会花钱的经济小管家。

经济教育，特别是爸爸们给予孩子最有效的经济教育，其目的就在于给孩子一双"经济慧眼"。给孩子一双经济慧眼就是指培养孩子的经济意识，让他拥有经济头脑，学会重视生活中的合理性、有效性和客观性，从而作出合理的选择。通过经济教育而具有经济慧眼的孩子与其他孩子相比，其优势远比我们想象的大。

最有效的经济教育方法是帮孩子培养一双"经济慧眼"。所谓经济慧眼，就是培养孩子的经济意识，让他拥有经济头脑，学会重视生活中的合理性、有效性和客观性，从而作出合理的选择。

帮孩子培养一双经济慧眼，并没有想象中那么复杂，因为生活中能够用于子女经济教育的教材随处可见，关键是如何能够发现和善于利用这些教材，对此，

分类	具有经济慧眼的孩子	没有具备经济慧眼的孩子
视 角	用对方（客户）的眼光看待问题⇨从对方的立场思考、判断和选择	用自我的眼光看待问题⇨从自我经验、自我立场观察、判断和选择
价值观	具有客观、有效、合理的判断，注重过程	自我中心式、自我满足式、非合理性判断，注重结果
判 断	经过理性分析后判断	感性判断
经济活动	所得、生产、投资等生产者领域	消费领域
现实认识	挑战精神、冒险精神⇨企业家精神	消极，防御意识强，比较现实
思维领域	立体、多面、多样	平面式、片段式、偏激式
主要的经济体验领域	消费现场+生产现场⇨跳蚤市场、网上兼职平台等	消费现场⇨折扣店、文具店、快餐店等

爸爸要做个有心人。最有效的方法就是"从消费者演变为生产者"，即在任何场合都从消费者的眼光中跳出来，让自己变为生产者或企业家，然后再进行思考和判断。

我们可以把下列"经济慧眼设计动物园"游戏作为教育的一个例子。

地点是首尔公园。这里将设置婴儿推车租赁店、红鹤馆、海豚馆、快餐店，那么老虎馆安排在哪里最为经济呢？

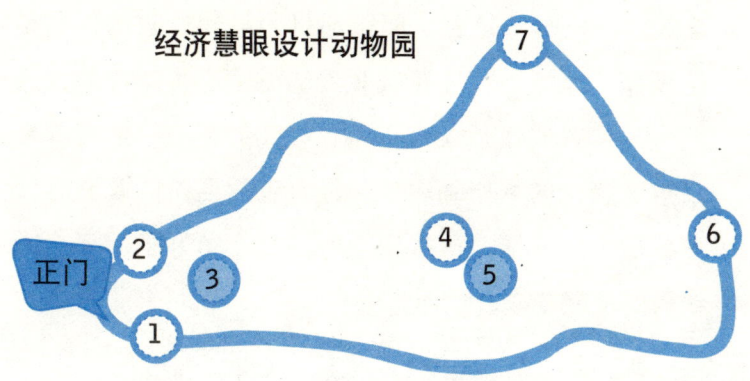

要解决这个问题,可以用两种眼光来分析。一是一家人能够开心玩耍一天的空间,即消费者的空间,也就是说用消费者的眼光来看动物园。消费者通常把关注点放在如何才能花最少的钱却玩得最开心上。

如果从这个角度出发,那么,就应该安排在海豚馆附近了。而解决这个问题的关键在于,如何用动物园经营者的眼光来看待。

经营者不得不考虑,怎样做才能尽可能让更多的游客前来动物园参观,并且尽量让每个游客逗留的时间更长一些,好让游客们一次又一次掏腰包来消费。这就是生产者的视角,即生产者的慧眼。

相反,当我们考虑如何才能吸引来更多游客,并让他们停留更长时间时,我们就应该把准则定位在游客身上。即从游客的立场思考和判断,这样就有可能提高解决问题时的客观性和合理性。

▶ 婴儿推车租赁店——1号位置。靠近正门的右侧,即便利设施场地。逆时针方向为经济方向。

▶ 红鹤馆——3号位置。翩翩起舞的红鹤,它的作用是让那些"原本不打算花钱观看的游客心生动摇",因此最佳位置应该是入口正面。红鹤舞蹈会给消费者带来想要游玩的欲望和快乐,经营者需要做的就是尽情发挥能力,使这些游客乐呵呵的,心情好了,那么掏钱消费也就变成自然而然的事情了。

▶ 海豚馆——4号位置。安排在动物园正中央,这一项并不包括在门票中,必须购买入场券。如何在最短的时间内吸引最多的游客?正中央位置,就是答案。这与百货商店里的中央位置都会安排女装柜台是一样的道理,因为它是决定百货商店盈利的决定性商品。

▶ 快餐店——5号位置。想看海豚表演的儿童和家长,是最主要的顾客,他们通常会在饭口时蜂拥而至。

▶ 老虎馆——7号位置。镇园之宝——老虎,如果说到了动物园却不去一睹老虎的威猛,那实在是一件憾事。所有的游客,最终都要一睹老虎的威风才会满意而归。因此,作为经营者,就要把老虎安排在离入口最远的位置。

培养孩子正确的价值观

在一个小学生经济野营活动中,主办方特意根据一个故事为孩子们设定了这样的情景:

有个富翁爷爷,他有个儿子。这个儿子仗着有个有钱的老爸,就游手好闲,而且花钱如流水。富翁爷爷实在看不下去了,于是有一天对儿子宣布:"从今天开始,我不会再给你一毛钱!"

于是,这个儿子不但沦落为信用不良用户,还欠了许多高利贷,不得不过着地狱般的惨淡日子。就算这样,富翁爷爷也没有再伸手去帮助他。最后,儿子悲哀地给父亲留下这样一封遗书:"明天我将了断我的生命,离开人世。"

每个队员都面临着一个任务:"假设你是写下遗书的这个人的儿子,在发现父亲要在第二天自杀后,会用什么办法拯救父亲呢?"

每个组在汇集个人的意见后,从中选择一个方法。当所有组都发表完自己的看法后,再从中选择大家认为最好的方法。答案真是五花八门,讨论进行得也异常火热。那么,那天孩子们选出的大家认为最好的方法是什么呢?

"雇个杀手,杀掉那个老爷爷。"

这是当时一家报纸上刊登的大致内容。

在当时,这件事掀起了不小的波澜,人们纷纷指责孩子"为达目的不择手段的扭曲价值观",当然也警醒了一大批人，使他们重新认识到经济教育的必要性。

这似乎是正常的理解与社会反映。但我们何不再进一步想想呢？这种情况下想要解救爸爸，就只能是"在绝境中寻找出路"。换言之，这道题目在设计时，就已经暗示了允许不择手段。

只要能让爸爸从金钱的痛苦中解脱出来，无论怎么做都可以，而这种教育方式与"只要挣够钱就能解决所有问题"的观点是没有什么区别的，根本不能被看做是正确的教育。

这种教育方式本身存在的最大问题，就是丢掉了"正确的途径"这样一个关键点。只一味地要求孩子们"解救父亲"，强调结果，不能被看做是正确的教育。所以，我们的经济教育，必须避开"不择手段"。

"经济原则"是用最小的投入获得最大的效果，就像前面的例子一样，如果不以正确的解决途径为前提，只一味地要求达到目的，那么可能导致的最大后果就是掠夺他人利益。如果是对子女教育有心的爸爸，首先要做的就是为孩子灌输正确的经济价值观。如何灌输正确的经济价值观？具体方法有3种：

1. 世上没有免费的午餐；
2. 结果与过程同样重要；
3. 这个世界是大家共存的空间。

当我们从这3点出发时，子女经济教育这件事就会变

> **爱心小提示**
>
> "经济原则"是用最小的投入获取最大的效果。不以正确的解决途径为前提，只一味地要求达到目的，那么可能导致的最大后果，就是变为掠夺他人利益。因此，首先要做的，就是为孩子灌输正确的经济价值观。

得简单多了，也会给那些还在犹豫不定的爸爸们吃一颗定心丸。

"现在就给孩子灌输如何在竞争中取胜的方法，好像为时过早吧？"

"真担心孩子会变得过于见钱眼开，变得势利。"

但是只要为孩子灌输好这3个观点，经济教育肯定会成为最有效的人性教育。

> **爱心小提示**
> 如何灌输正确的经济价值观？ 1.世上没有免费的午餐；2.结果与过程同样重要；3.这个世界是大家共存的空间。

世上没有免费的午餐

如果想要有所收获，就必须付出相应的代价。

如果想要用"午餐"解决辘辘饥肠，就必须付出"钱"。欲望是拥有目标意识的原动力，但是想要白拿，那就是幻想加贪心了。

在"免费"和"省事方便"的美名诱惑下，跌入陷阱的也大有人在，这是一种社会问题。最佳的解决方法就是从孩子小时候就明确地告诉他，在这个世界上是没有"免费的午餐"的。

情景 1

　　如果你曾经仔细观察过企业广告或者社区比萨店传单，那么肯定还记得上面印着的这些内容："好吃的汉堡买一赠一！""酥软的比萨买一赠一！"购买一个却给两个，那么多出来的一个是不是免费的呢？

⇨ 非也。买一赠一，准确地说，只是给你打了个五折。

　　打五折与免费，可是两个不同的概念哦。如果"买一赠一"和"打五折"的广告并列放在一起，那么恐怕还是"买一赠一"更吸引消费者的眼球吧。不过不得不重申一下，这绝对不是什么免费赠送。

情景 2

　　当我们购买汽车或者家用电器时，会有一段时期的保修期（免费），即"无偿保修"。果真是免费的吗？

⇨ 非也。当消费者付钱买产品时，其中已经包含了保修期可能发生的问题的修理费用。保修期内维修不用掏钱，看起来好像是"免费"，但事实上是你已经为此交了一笔费用。

情景 3

　　当光顾新开业的店铺时，通常可以拿到小礼物，如果刚好有品尝活动，还可以品尝到好吃的食物。这也是免费的？

⇨ 试吃当然不用掏钱，这可以理解为免费，但是投入到试吃活动中的人员费、材料费等诸多费用，其实已经统统包括在产品价格中了。

　　就算没有包含在里面，顾客投入到"试吃所花费的时间"也同样是宝贵的财富。时间就是金钱，如此宝贵的财富要用于试吃，那就绝对不能看做是免费的了。对于我们的孩子来说，他们的时间同样也是宝贵的财富。试吃浪费的是大家的时间，我们尽可以去做远比试吃更加有价值的事情。如果你还是执意要去尝一尝，那么也不是不可以，但请记住，必须是经济有效的试吃才不至于太吃亏。

怎样才能经济有效地进行试吃呢？
➡ 在最短的时间内尽可能地吃最多的食物！

过程与结果同样重要

我们的教育往往过于注重结果而对过程不闻不问。

与过程无关，只要考试成绩好就可以了，只要考上大学就被视为是成功。不管用什么手段，只要能挣钱成为富翁就可以高枕无忧……

虽然我们也会明确地告诉孩子们，这些想法都是错误的，而我们的周围环境还是会到处充斥着这些现象。无论家庭、补习班还是学校，都在千篇一律地强调"出息论"。在这种扭曲的环境中想要正确引导孩子，着实有一些难度。

但越是这样，我们就越要坚持，以求能够正确引导孩子。何况在经济领域中"只要结果好，那么其他都不成问题"的观点，也越来越站不住脚，并逐渐失去一方阵地。毕竟，这个世界最终还是会变得一天比一天更干净、透明。类似过去，用不当手段一夜爆富的机会，也会越来越少，并将最终退出历史舞台。

所以，我们就要告诉孩子："如果试图在经济活动中利用不正当手段，就肯定不会有好结果。"当然，就算经济渠道光明磊落，而且全力以赴去做，也不能保证一定会有好的收获。不过，经济活动所蕴含的可能性还

是相当高的，这在其他领域是比较罕见的。

这个世界是大家共存的空间

也有很多家长担心，孩子学了经济后会不会变得只顾自己的利益而丢掉好的品德。只要教育方法得当，就肯定不必担心这些，甚至还可以在这一过程中体验到经济教育其实就是人性教育，因为经济教育的根基，就是为了"共同生存"。

就算不是经济教育，人类也会彼此相互联系，并或多或少地彼此影响着。懂得肯定他人，并且力求达到与他人和谐相处，才是正确的经济生活。这一点我们必须明确告诉孩子。

当今世界，单靠自己一个人就可以独立生存的想法已经不成立了。我想，传奇式的《鲁滨孙漂流记》应该成为历史，一去不复返了。我们的经济教育必须让孩子们懂得这一点，以培养他们关怀他人的心灵。说到底，经济教育也是人性教育。

回顾一下前面所举的"汽车保修"的例子。如果在保修期内由于使用不当导致发生多次维修，那么将会发生什么后果？

⇨ 汽车价格上涨，所有消费者都会成为受害者。维修期内不管维修几次，都无需额外再交费用。但这些费用会直接反映到成本当中，最终导致汽车价格上涨，这就会导致所有的汽车购买者都成为受害者。

情景 2

有句话叫做白手起家,意思是不依靠祖辈留传下来的财产而全部依靠自己的力量获得财富。那么现实中果真有白手起家的人吗?

⇨ 不可能。在过去的农耕时期,这倒是有可能,只要辛勤劳动、购买土地和悉心耕耘,最后就有可能成为富足的人。但是在当今,抛弃一切援助和互动,试图只靠自己的力量成为富翁,那绝对是痴人说梦。所以"白手起家"应该改为"没有白手起家",正如独木不成林一样,只有给孩子们灌输这种理论,才会促使他们获得成功。

捕鱼的最佳方法,就是亲身体验

犹太人的教育方法中有一条著名的"捕鱼方法",相信作为家长对此也并不陌生。与其给子女留下"鱼",不如教会他们如何"捕鱼",培养他们独立生存的能力。很多家长都喜欢给孩子们既成事实的财富,而不去注重过程,以为这就是对子女的关爱。也有些家长明知这些做法不妥,却也由于种种原因而依然习惯于这样做,这很值得我们认真地反思一下。

经济教育是生存所必需的。通过这些学习,可以把孩子培养成将来能够独立开创未来、堂堂屹立于世界的人。

最适合"捕鱼"教育方法的领域就是经济。经济教育是生存所必需的,通过这些学习,可以把孩子培养成将来能够独立开创未来、堂堂屹立于世界的人。

那么这个"捕鱼方法"具体要怎么体现在子女的教育中呢?

43

对此，有截然不同的两种意见。认为经济教育是个难以攻破的壁垒而跃跃欲试的爸爸最终虎头蛇尾、举手投降的很多。被视为经济教育的最高境界的"捕鱼方法"，讲的就是一种体验，即"捕鱼体验"。我们的生活就是经济活动，可以说体验本身便是教育，生活本身就是教材，经济活动的舞台则是教育场地。

所以，经济教育即"捕鱼教育"并不是难啃的馎饽，也不是只有专家们才能谈论的高深领域，更不是只有依赖他人或机构才能攻克的城堡。

这种"捕鱼体验"是生活本身，因此不必恐惧，也不必高估，尽可以自信地主动出击。事实证明，那些早早尝到"捕鱼"甜头的孩子们已经发生了截然不同的变化。

经济教育是有关目标的教育。目的在于教育孩子如何建立目标、如何寻找实现目标的最佳解决方法。

经济教育说到底是有关目标的教育

经济教育是有关目标的教育，目的在于教育孩子如何建立目标、如何寻找实现目标的最佳解决方法。

"储蓄就是教育我们如何'存钱'"，这话不假。但这句话只道出了储蓄教育真谛的10%。请记住，储蓄中最重要的内容是为什么要储蓄、具体如何储蓄，以及如何制定明确的目标计划等。也就是说，应该教育孩子习惯于制定计划，以此来锻炼控制自我欲望的毅力，最终一步步接近目标。

除了储蓄，消费、投资和捐款等活动都应制定计划，并为实现这些计划而努力，事实上，经济教育也是这样一种"过程"。当那个目标终于实现时，孩子们必然会为自己的选择而自豪，增加自我实现梦想的信心与勇气。

"梦想成真"这句话，并非是只有在球场才能听到的口号。我们的教育应尽量让孩子明白，在他们的眼前和双手中，梦想是真的可以成真的。

不仅如此，我们还必须清楚一点，那就是无论储蓄、消费、投资还是捐款，都应习惯于制定计划，并为实现这些计划而努力。这种"过程"本身，便是教育。

这些操作起来也许会有不少困难，因为，目标的实现总是被限制在一些特定的条件内，而不是我们的日常生活中。但经济活动最终属于生活，因此我们可以用眼睛来证实这些目标变为现实，也可以具体描绘出实现后的样子。所以，制定目标就显得尤其重要。

当今世界上，在个人职业发展方面最成功的演说家和咨询家之一博恩·崔西曾说："没有目标的人不得不背负一生为那些心有目标的人服务的惩罚。"

不得不说，经济教育是能够让孩子在日常生活中学会制定目标的最佳方法。

经济小故事

寿司店里的经济

假设在"千元（韩元）紫菜饭小吃店"吃紫菜饭，味道当然没有对面那家"两千元（韩元）寿司店"的好吃。但是如果把紫菜饭看做是"产品"，生产者自然地与客户进行沟通，并向他们展示包紫菜饭的手艺等因素，那么赢得大量顾客也是绰绰有余的。

首先可以了解和体验产业因素，如米饭、紫菜、胡萝卜等，都是源自自然的第一产业，而酸萝卜、香肠等则属于第二产业。最后是将这些材料融汇在一起，精心卷起紫菜饭，即为第三服务产业。一个紫菜饭包含了农业、渔业和商业因素。

其次，可以了解生产工序。所谓生产，就是将各种加工因素融汇在一起，制造出所需物品的活动。制作紫菜饭，需要土地和水，需要工作人员的手（劳动）。当然，像紫菜或米饭、火腿等材料（资本）也是不可或缺的。土地、劳动、资本这些词可以说大家早已耳熟能详了，它们就是"生产的三要素"。

> **爱心小提示**
>
> 生产的三要素是土地、劳动和资本。

同样是卖紫菜饭的小铺，有些门庭若市，有些则门可罗雀。这恰好又是为孩子说明生产性差异的好机会，也许你透过玻璃窗可以看到马路上飞奔的货车，那么正好你可以借此发挥，和孩子谈论流通与物流；也许对面刚好遥遥可见银行牌匾，那么你不妨以此来给孩子讲解各种银行业务（借贷、公积金缴付、换钱和兑换等），并介绍通过储蓄实现梦想的过程。如果你置身于百货店、折扣店、旧货市场，那么也不错，你可以非常自然地向孩子讲解什么叫市场（销售者和消费者进行交易的地方），它的具体作用以及不同物品的差异、价格、制造、进出口、销售、协商等各种内容。另外，常设市场与定期市场，批发与零售，综合市场与专业市场，可见市场与不可见市场等有关市场的各种类型，也可以借此为孩子一一道来。因此，千万别把经济教育当成是难搞的任务，事实上我们在生活中可见的所有一切情境都是经济教育现场。在美国很流行的"餐桌经济"，意思就是说家长与孩子们的经济交流，如同生活中吃饭夹菜一样自然、实际。

第三章

如何把孩子培养成精明的消费者

Q:什么叫消费者?

A:按照经济标准,可以把人的角色分为生产者和消费者。生产者是从事生产活动的人,即生产财富和服务的人(服务也属于生产)。消费者是进行消费活动的人,即支付一定代价购买生产者的物品或服务的人。当然,那些生产者也不可能只生产不消费,所以生产者也是消费者。但是,消费者不一定是生产者,有很多消费者都是不进行生产活动的。

Q:什么样的孩子才能称为精明的消费者?

A:学习经济的最终目的就是培养孩子"合理选择"的能力。消费者都希望能够利用有限的资源(如钱、时间等)来实现最大满足度(有效)的消费活动。精明的消费者不但要懂得这些知识,更应该是为了这种消费活动而积极实践的人。这当然不容易,因为随着他们把目标定位在获取最高利益上,导致他们在选择最佳生产者时往往显得不够明智。

Q:精明的消费者,不应该只懂得一味地节约。为什么?

A:是的。消费者必须是进行消费的人,不可能是指不进行消费的人。通常人们会以为,那些只懂得节约而不会花销的人是精明的。事实并非如此,消费本身也是同样重要的经济活动。理想的状态是,用最低的价格购买必需品。

Q:如何培养精明的消费者?具体方法是什么?

A:重申合理选择的重要性,引导他们在实际生活中实践这一点。单知道消费算不上精明的消费者,只有精通挣钱的过程、储蓄与捐款等生活中所需的各种因素,才有可能成为精明的消费者。想让孩子成为真正的消费者,一个能够独立作出合理判断的人吗?那么不妨为他创造足够的条件,让他有机会学习所得、消费、储蓄、投资、捐款和信用等生活经济,并在生活中实践这些内容。

经济的六个铁哥儿们

所得、消费、储蓄、投资、慈善和信用

"让孩子跟经济的六个铁哥儿们做朋友。"

常常有家长问我如何对子女进行经济教育和金钱管理教育,我就会强调这一句。

在金钱问题上给予孩子正确的引导,是非常重要的事情。在经济教育中,体验是最好的教材。因此,向孩子介绍"经济的六个铁哥儿们",并创造机会让孩子与它们成为好朋友是经济教育的核心。

毫不夸张地说,正确的经济教育应从娃娃抓起,趁着他们还没有形成这般、那般的"臭毛病",让他们与"经济的六个铁哥儿们"结识,并且和每个经济兄弟都能成为坦荡无比的好朋友。

> **爱心小提示**
>
> 所得、消费、出现、投资、慈善和信用是经济的六个"铁哥儿们"。经济教育的核心,就是向孩子介绍这六个"铁哥儿们",并创造机会,让孩子与它们成为好朋友。

简单介绍一下"经济的六个铁哥儿们",大致如下:

所得

"挣钱"教育。一旦了解了所得的产生过程,那么有关金钱价值的教育就显得比较容易了。应创造机会使孩子有机会体验所得,尤其是能够光明磊落地挣钱的机会。

消费

"不花冤枉钱"。如果在孩子幼儿园到小学的过程中没能抓好消费教育,那么任以后怎样补救,都会显得很吃力。可以说,我们的子女一览无余地暴露于各种消费环境中,而这种环境很容易诱发好的或坏的习惯。只要能够用心教育,就能把我们的孩子培养为懂得权衡所得利益、追求生活质量、懂得合理调整、善于正确选择的"精明消费者"。

储蓄

"为实现目标而存钱"。如果把储蓄简单地理解为"攒钱",那么只能说这只道出了经济教育真髓的10%。正确而完整的储蓄教育必须是制定计划、弄清为什么要去储蓄、应存多少、具体如何积累,并按照计划积极实践,从而发现实现理想的意义。

投资

"增值"教育。投资教育越来越受到瞩目,甚至有不少专家表示,如果没有投资教育,孩子就将等同于金融文盲。正确的投资教育，绝不是"轻松式增值的投机行为"，它是经过系统学习后的合理选择，包含着"守财"这一领域。

慈善

"与人分享财富"的教育。捐赠是分享。通过做慈善，让孩子明白，越是分享，回馈给自己的利益就会越多，这也是社会生活中非常重要的一点。这里能够分享的，并非只有金钱，也包括特长和时间等各种因素。

越是与人分享，就越有可能回馈给自己利益，这一点在社会生活中非常重要。

信用

"借钱后还钱的能力"。信用是资产（财产），如果信用好，那么相比其他人，能以更为有利的条件借钱，这种优势也可以体现在购物上。信用教育的出发点是信任和守信，要让孩子明白自己对他人的可信度，及其重要性。

实行经济教育前后

下图表示当前孩子们所接触到的经济教育的比例。

圆的大小象征经济活动的相对大小（子女的体验机会、教育时间、关心程度等），上边的小字表示有关"六个铁哥儿们"的印象及实践内容。

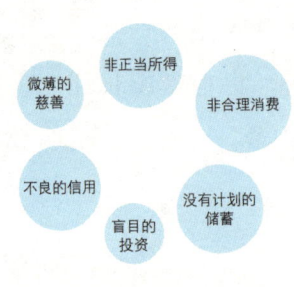

❶ 进行经济教育之前（当前）

极端消费主义。对储蓄和慈善多少有些了解，也有实践，但投资和所得、信用等方面的认识相对欠缺。原因是学习机会太少，更大的问题在于对经济活动的态度或认识倾向于否定式。不善于作合理消费，储蓄目标也不明确，学习投资的机会就更少。

另外，信用管理和慈善意识也不强，只要挣够钱就万事大吉的思想在作祟。

❷ 进行经济教育之后（目标）

经济教育的目标与方向很明确。"六个铁哥儿们"，无论哪个都非常重要，一旦少了其中一个，其他几个也无法正常发挥功能。例如，钱很多但不懂投资，那么就算有再多的钱，恐怕也会瞬间消失；如果不懂慈善，那么就不可能成为受人尊敬的富人。

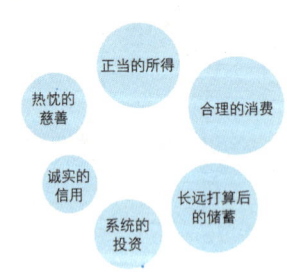

梦想着通过正当渠道挣很多钱。（高所德）

 懂得明智而合理地进行消费。（贤小飞）

 与其盲目地攒钱，更倾向于制定明确目标后进行挑战。（王储旭）

 梦想将来成为像沃伦·巴菲特一样明智的投资人。（千投孜）

 试图将所得的10%用来做慈善，用干净挣来的钱帮助更多的人。（全瓷善）

 信奉"信用必须从守信开始"。（姜信勇）

正确的"金钱"教育

（一脸的不高兴）都太过分了，"钱"有什么不好？

 怎么了？什么事？

 我去参加一个以"钱"为主题的聚会，没想到听到的净是一些莫名其妙的话，让人很生气。本来是说"钱如何有用"的，结果那些参加的人净挑着钱的不是说。我代表"正当所得"，你说怎么能不憋火，不生气？

 我也遇到过这样的经历。他们一边花钱，一边还把我定罪为"过度消费"和"冲动购买"的主犯，我真的好委屈。

倒不是因为我主张"增加财富"才这么说，不过真的有很多人对金钱的认识过于负面化。你说钱本来就是个"两张脸"。虽说不是最好，但谁离开了它也不行吧？嘴上说是铜臭，但咱们也为挣钱流了真实的汗水啊。本就是个两面性的问题，人们却只强调一面。"视钱财如粪土"，只是给那些过分贪恋钱财的人的警告，并不是说钱什么都不是，连丝毫的关心也不能有。

是啊。不过更严重的是，只要孩子对钱有点好奇，大人们就会摆出一副警惕无比的样子，生怕我们会做出坏事似的。这样一来，那些有钱人也就统统成了"坏人"了。

是的。只要是付出汗水，通过正当途径挣来的钱，都是神圣的。"干净的所得"成就的"干净的富人"，绝不是什么"坏人"。

"干净的富人"都是什么样的人？

他们都是靠正当渠道挣钱、从不会耍手段的人。即使是自己可以支配的"个人所有"，他们也会进行合理的消费，并且善于储蓄和与他人分享。

也有一些学者主张，在资本主义市场经济中，根本就不需要有谁去强调消费、储蓄和捐款等事宜，认为这种做法欠缺考虑。从市场经济的

> **爱心小提示**
>
> "干净的富人"是通过正常渠道挣钱的人。虽说是"自己的钱"，但他们懂得进行合理的消费，并且善于储蓄和与他人分享。

角度来看，这种说法也能理解。但如果家长想对子女进行正确的经济教育，还是有必要强调这些，把消费、储蓄、慈善构成的和谐人生，当做成为富人的前提。

对。还要改掉把有钱人视为异类的可怕的观点。

我有一点不明白。

什么？

如果有人问我，到底拥有多少钱才算幸福，那我应该如何回答呢？

钱是我们实现梦想所必需的好朋友，但并不是说多多益善。如果被"很多的钱"绊住手脚而成为金钱的奴隶，那岂不是很悲哀？

这让我想起了《我11岁就很有钱》的作者柏窦·薛佛叔叔在韩国书友见面会时的讲话。

原来你也听了那次演讲，不妨给朋友们讲解一下吧。

叔叔的话虽说不上是真理，但的确让我想到了很多。他说："父母向子女传授金钱经时，应遵守5个原则：和金钱做朋友、学会储蓄、学会投资、学会挣更多的'干净的钱'、挣到钱后懂得合理地消费。"

父母在传授金钱经时，应遵守5个原则：和金钱做朋友、学会储蓄、学会投资、学会挣更多的"干净的钱"、挣到钱后懂得合理地消费。

内容虽然有些差异，但是只要我们能遇上经济的六个铁哥儿们，那么我们就有希望成为出色的

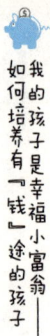

经济人。伙伴们,咱们拿起信心,加油吧!

好!

灌输正确的金钱观

1. 金钱是氧气。

人们离不开钱,没有钱无法生活,为了生存就不能没有钱。

2. 钱是好朋友。

钱其实并不是坏朋友,它完全可以充当一个好朋友,问题在于如何对待。就像我们对别人好,才能与其成为好朋友一样,我们也应该喜欢钱,并努力善待它。"喜欢"并不意味着要拥有很多,重要的是要懂得珍惜。

3. 钱如火一样。

我们的生活离不开钱,但必须合理运用。如果利用不当,则有可能招来灾难,甚至可能遭遇生命危险。所以必须合理利用和使用金钱。

4. 钱不能成为衡量幸福的标准。

钱并不是根据它的拥有量,就能判断幸福或不幸。富人的标准并非"拥有多少钱",只要是有目标和理想且拥有足够的钱来实现理想,那么都可以称为富人。世界上远比金钱贵重的东西有很多。

5. 金钱有张主人的脸。

是成为金钱的奴隶,还是把钱当做仆人一样使用,全在主人的脸上。如果懂得把钱合理地用在正道上,那么就可以驾驭钱,成为金钱的主人,否则只能沦落为金钱的奴隶。

在一本名叫《瑞丹12岁,拥有1000万》的经济类童话书中,主人公洪瑞丹通过节省零花钱和在跳蚤市场上进行交易挣了不少钱。当

> ● 爱心小提示
>
> 1.金钱是氧气。2.钱是好朋友。3.钱如火一样。4.钱不能成为幸福的标准。5.金钱有张主人的脸。

别人问她为什么要这样努力攒钱时，她答道："我的梦想是当个企业家，为了实现它，我必须有钱。"

实际上，她为了实现自己的梦想，在高一上学期结束时，就已经用自己积攒的钱赴美留学了。

精明的消费者，也是合理的经济人

 昨天收到一位妈妈的邮件。呵呵，这样下去，我也快成明星了。

 收到一封信而已，看把你给美得……不过，信里讲什么？我感到好奇，而且是好奇得很啊。

（禁不住其他几个伙伴的苦求，贤小飞开始读那封邮件）

贤小飞先生：

你好！

我的女儿今年上小学四年级，她在三年级之前，花钱一直都大手大脚的。我想了许多方法，最后决定让他自己管理零花钱。果然现在好多了，她也懂得了金钱的可贵，更重要的是学会了如何省着花。我终于确信只有通过经济教育，才能改变孩子的行为变化。孩子的转变让我感到很欣慰。

不过还是出现了问题。她现在变得几乎不花钱了，拿到零花钱后就统统放到存钱罐里，而买文具时你猜怎么样？竟然学会了赊账，还缠着我给她还这些钱。耐不住孩子纠缠，我也替她还了几次。不过事情终究有些太离谱了，我也没辙了，所以给你发这个邮件，希望你能为我指点迷津。

赊账？还让妈妈替她还钱？

 不像话！

 铁公鸡！

 自私！

 怎么会有人赊账给小孩子？

 大家不要这么激动嘛！我们得替这个妈妈着想啊，看有没有什么可行的办法，帮助她解决这个问题。

> **爱心小提示**
> 金钱管理上可不能"睁只眼闭只眼"。对于子女的金钱问题，应该始终保持冷静。

 说的也是。大家静一下，听贤小飞接着说。你最后怎么回复的？

 我明确告诉那位妈妈，其实在金钱问题上，不能"睁一只眼闭一只眼"。我们的爸爸妈妈们通常在面对孩子的撒娇时变得心软，心想反正那些钱也没多少，于是就"睁一只眼闭一只眼"满足孩子的要求。这是绝对不行的。

 你是说家长不应该为子女偿还债务，对吗？

 当然了。绝对不能这样做。平时给孩子零花钱，就是为了让他购买必要的文具用品。在零花钱的范围内进行消费，才是教育。如果说这钱花得超出了这个范围，或者用在了其他地方，甚至像这个女孩儿一样不得不让父母出面来解决，那么，恐怕永远都没有机会尝试用有限的钱来购买必需品，并且永远丢掉了成为合理消费者的机会。"亲爱的家长们，面对子女的金钱管理，请一定要'铁面无私'！"

 这句话怎么这么熟悉……

 当然，这是和将孩子引向成功的世界著名企业家们一致的做法，所以，在美国也有这种说法："也许孩子会有'你到底是不是我的亲生父母'的抱怨，但为了孩子的金钱管理，你必须对这些抱怨置之不理。"

 说到底，就是父母要做到讲原则和冷静处事。

◎ 培养成精明的消费者

"精明的消费者"可不是"不消费的孩子"。

消费是指用金钱购买物品或获得服务的行为。不消费，根本没法生活下去。消费是不可避免的，那么就必须去引导他们，这种消费教育最好是从小开始。因为消费行为一旦形成了，就会终生受益。

在有关消费的教育过程中，爸爸们最需要费心的就是"合理消费"，即教孩子多比较、多了解、多思考然后再去消费。

消费是一种体验。正确的消费观念和精明的消费者，其实都是从实际选择物品、购买及支付钱款的经验中诞生的。能够对自己的选择结果自行评价，并制定对策的人，才能称得上是精明的消费者。

我遇见的许多家长，都存在这样的问题，他们会因为子女的错误消费习惯而与子女产生矛盾，并且矛盾会越来越大，彼此深感痛苦。

事实表明，导致这种结果的主要责任在于家长一方。典型的例子就是家长通常在"疼爱子女"的美名下，剥夺了孩子消费和学习消费的机会。

新学期开始，很多家长会买一大摞学习用品，然后等孩子需要时按部就班地发给孩子。如果孩子说需要钱买书，那么每次都有求必应。因此，孩子们依靠自己的判断来消费，基本上已像空中阁楼般不切实际。

培养孩子成为精明消费者的第一步，就是把家长剥夺的孩子的消费机会还给孩子。零花钱，就应该包括家长曾经包揽的所有消费对象（买零食之外的书钱、交通费、学习用品钱等）。对于承诺的金额，也必须严格遵守，放手让孩子自己判断和决定后购买物品，再通过自我反省，使之一点点学会正确消费，即给孩子一种自我体验和领悟的过程和机会。一旦孩子在小时候形成了好的习惯，那么就无需再进行后续教育，这便是消费的特点。但是话又说回来，一旦没能正确引导，想重新改过来，就很困难了，甚至会耽误孩子的一生。

> **爱心小提示**
>
> 消费是用钱购买物品或者获得服务的行为。消费是一种体验。精明的消费者，就是在购买所需物品、支付相应钱款等消费体验和经验积累中诞生的。

你问我答，论如何培养为精明的消费者

我曾遇到过很多家长，聆听他们的心声，并分担他们的忧愁。下面就把我整理的一些问答内容与大家分享。

Q：怎样才叫精明的消费者呢？

A：当然是"钱用在刀刃上了"。如果我们都不去消费，那么企业就没了利益可言，大部分消费者的薪水就会大减；一旦收入少了，那么消费也就少了，从而形成一个恶性循环。

明智的消费者或精明的消费者，肯定会试图用合理的价格来购买自己所需的物品。能够把钱用在正道上，有着这种习惯的人就是精明的消费者。每个家长都迫不及待地想让自己的孩子成为精明的消费者，下面我就介绍几个有效的方法。

1. 拒绝冲动购买，提倡有计划地购买。
2. 价钱一样？那么就比较一下大小和量。
3. 利用打折和团购。
4. 相比风格和品牌，更注重品质。

名牌不一定全是好产品。孩子们比较关心的鞋子、衣服，其实并非原产国制作，所以请一定让孩子们看清产地再购买。

5. 消费额不应超过总收入的30%。

所谓高消费，并不是指貂皮大衣的销售量，也不是指奢侈品的收入额，这个问题因人而异。普遍的分析结果显示，消费比例占据整体收入的30%以下，才算合理消费。

将孩子培养成精明消费者的实践方法：1.拒绝冲动购买，提倡有计划地购买。2.价钱一样？那么就比较一下大小和量。3.有效利用打折和团购。4.相比风格和品牌，更注重品质。5.消费额不应超过总收入的30%。

Q：孩子花钱太离谱了，怎么办？

A：随着生活水平的提高，对子女的投资在家庭消费中占据的比例越来越高，不懂得什么叫珍惜的孩子也越来越多了。我曾与许多家长就孩子的金钱问题进行过探讨，结果发现，那些身上有着这般那般问题的孩子，其家长要负相当一部分责任。

他们的想法很简单，以为只要在孩子需要时随手塞给他足够的零花钱就可以了，从没考虑过这些钱要花在什么地方、要怎么花等问题，丝毫没有计划性可言。一旦没有了计划，那么花钱就会没有节制，往往是有多少花多少。我建议家长最好马上回顾一下：自己给子女的零花钱是多少？除了零花钱，孩子是不是还有额外的收入？一旦有了钱，孩子又是如何有计划地进行管理的？如果您的孩子有自己的一套计划，那么恭喜您，您已经成功一半了。

Q：有没有必要向孩子说明家里的经济状况呢？

A：应该告诉孩子。家长在作出明确的说明之前，通常孩子都是凭借主观意识和以往经验来自行判断的。一旦父母不能满足自己的要求，孩子就会极端地以为是不是家里困难到连这些要求都不能满足，而父母欣然答应了自己的要求时，又会以为家里有足够的能力来满足自己的各种需要。

要我说的话，这两种方法都不可行。正确的方法是，父母要把家里的收入水平、支出类别和内容，以及投入到孩子身上的支出内容明确地告诉孩子。只有这样，父母才会在孩子哀求购买玩具或者为昂贵的物品心驰神往时，有效地说服他，使他心甘情愿地放弃那些不切实际的想法。

Q：有没有必要告诉孩子，投入到他身上的钱到底有多少呢？

A：有必要，还应让孩子记在本子上，并帮他进行分析，这样孩子过去事不关己或理所当然的想法会有所改变。交学费时，家长也不要急于用网银直接汇款给学校，不妨与校方商量一下，让孩子自己拿着现金去交学费。让孩子自己感受这样的过程和收获，也是一个不错的方法。

> **爱心小提示**
> 　　父母的以身作则，才是孩子得以健康成长为精明消费者的有效捷径。如果你希望自己的孩子发生改变，那么请先改变你自己。

Q：在子女的教育中，应该说父母的榜样作用还是挺重要的吧？

A：这是当然。其实孩子不懂得珍惜，很大的原因在于父母。因此父母的以身作则，才是孩子得以健康成长为精明消费者的有效捷径。

　　这就要求家长在平时的日常生活中珍惜每一份资源，对于闲置的东西也不要随意丢入垃圾桶，而应拿到二手市场去交易，赋予那些旧物新的价值；还应节约用水，节省水费、电费等的支出；若到折扣店，就事先在记事本上列出所需购买的物品……这些貌似平凡的举动，都将成为教育孩子最有效的教材。如果你想改变自己的孩子，那就要首先改变你自己。

Q：传说中的"消费教育三三原则"是什么？

A：很简单，"想三点，想三遍"。

　　第一，把子女想要的东西记在本子上，三天后拿给他看，让他重新考虑是不是必须要买的东西。

随着时间推移，也许想法会发生变化。只要做好这一点，也会有不小的收获。

第二，如果三天后重新考虑时，依然觉得很必要，那么至少选出三样东西，来比较它们的价格、设计、服务等各种因素。

第三，一旦决定了，那么至少去三个地方（如折扣店、网店、专卖店等）比较一下，才最终购买。

Q：消费教育的最大敌人是富裕？这怎么理解？

A：是的。在美国、德国等经济教育先进国家进行的调查普遍显示，从小没有接受正规经济教育且不懂得珍惜资源的孩子，长大人后更容易承受经济上的痛苦。

根据德国的调查结果，从小接受严格经济教育的孩子，比那些在花钱上毫无顾忌的孩子，长大后成为富人的可能性高出500倍。真正的富翁，在面对子女的经济教育时，通常显得异常冷静，这点也请家长铭记在心。

Q：有没有必要给孩子准备个存钱罐，让他在必要时去用这些钱呢？

A：毒害孩子的典型例子，就是在鞋柜或桌子上放个存钱罐，让他在需要钱时拿出来用。钱是有限的资源，就算平时的金钱教育多么彻底和严格，也无论制定了多么完美的消费计划和储蓄教育计划，只一个存钱罐，就会让付出的努力大打折扣。应该坚决避免让孩子产生钱容易到手、可以随便花掉这种想法，哪怕是很少的钱也不例外。

Q：直接给孩子买需要的东西不就安全了吗？

A：通常在新学期开始时，家长们喜欢买足够孩子使用一年的学习用品，以此来鼓励孩子用功学习。也许这能激发孩子的学习积极性，但对于消费教育，绝不能算是明智之举。家长一次性购买那么多用品，也许能让孩子感觉到欣慰和满足，但这种做法却很难让孩子体会到资源的可贵性。更大的问题在于，家长的这种大方行为，会在无形中剥夺孩子学习何为珍惜、为何珍惜的机会。这些用品都是用钱买来的，买来一大堆所需的用品，无异于告诉孩子钱可以无所计划地随便花。

在我看来，考虑这些问题的往往不是我们的家长，倒是幼儿园老师考虑得更多一些。由于现在的孩子从小就习惯了拥有用不完的学习用品或玩具，可以随手拿来使用，于是也就被动地丢掉了学习何为合理消费的机会，难怪那些园长、老师要如此担忧了。

> **爱心小提示**
>
> 钱是有限的资源，应时刻注意，以免让孩子误解钱很容易到手，或者可以随便花掉，哪怕是很少的钱。

Q：听说有一套教育方法，可以利用学习用品来教育孩子如何进行合理消费。请问具体内容是什么？

A：请把购买学习用品的钱包括在零花钱里，放手让孩子自己去购买学习用品，从中学习怎样选择和购买所需的东西。他肯定会绞尽脑汁，试图利用手里有限的零花钱购买自己所需的物品，并寻找最佳的省钱方法。还可以通过比较和判断东西的好坏，从中锻炼孩子了解商品价值的能力。别忘了，当孩子懊悔于失败的购买经验时，正是他学习消费的难得的教育机会。

Q：我会给孩子多准备一些用品，好让他尝试与人分享，不知道这方法是否可行？

A： 我曾经见过一些家长，他们通常会多预备一些物品，让孩子带去分给没有能力准备的孩子们，从中学会分享。其实在我看来，这是丢了西瓜捡芝麻的事情，得不偿失。这种做法不但会让孩子对于所需量有着错误的估算，还会无意中让孩子滋长一种优越意识。如果真的想让孩子拥有一颗与人分享的爱心，那么建议家长多让孩子参加一些捐赠或者义工等活动。

◎ 生活中的经济教材

与子女一同参与的经济活动，通常都是与消费紧密相关的，例如百货店、折扣店、饭店、加油站、书店等。于是，一些爸爸们不无担忧地想，这种共同参与的形式，会不会给孩子烙下"经济活动=消费"的认识。但一旦离开了这些场所，我们又无法生活。事实上我们也没必要刻意去回避这些场所，如果加以转换，这些场所将变成相当生动的"经济教育现场"。

事实上，百货店、折扣店、饭店和快餐店等所有经济场所中，都包含着生产、消费、流通、价格、营销、供需和竞争等多种"经济教材"。一旦意识到这一点,那么这些场所就不再是单纯的消费场所,而是可以让爸爸就地取材的活生生的"经济教育现场"了。

生活中的消费教育

▣ 光顾折扣店,先填饱肚子

如果领着子女去折扣店,那么最好避免空着肚子。一旦空着肚子去逛街,就难免要购买一些计划外的食物,而且很容易超出所需范围。此外,空着肚子购物,也无法集中精神精挑细选,做到货比三家,顶多是走马观花一般匆忙购买,导致事后懊悔不已。

▣ 我的词典里没有"纪念日"

琳琅满目的纪念日,大多是一种没有意义的跟风。说白了就是"看别人如此,我也必须如此"。

> **爱心小提示**
>
> 与子女一同参与的经济活动,大多与消费有关。如果能把这些场所加以转换,那么它们将会变成相当生动的"经济教育现场"。

- 光顾折扣店,先填饱肚子。
- 我的词典里没有"纪念日"。
- 出门不带零钱。
- 忘掉那些"免费""半价""赠送"等营销的"甜言蜜语"。
- 多了解几个物美价廉的店铺。

不妨让孩子来反思一下，那些没有意义的纪念日是不是一定要用消费来填满；有必要叮嘱孩子，通常在特定的某某纪念日来临时，各种物品的价格也会来个大变身，比平常贵许多。如果这些都无法让他打消购物的念头，那么就只能尽量避开在那个特殊的日子里购物了。

有一位妈妈很有趣，她送给孩子的圣诞节礼物，都会避开在圣诞节期间购买。依这位妈妈的经验来说，圣诞节物价通常会比平时高好多不说，还会因为节日的气氛渲染，导致孩子喜欢与别人攀比礼物，从而使得一般的礼物很难满足孩子的欲望。所以，家长如果有必要给孩子准备礼物，最好提前一个月购买。

◾出门不带零钱

如果口袋里装着零钱，就会不知不觉地花费许多。因此，在不得不带钱时，你最好准备大额钞票。

◾忘掉那些"免费""半价""赠送"等营销的"甜言蜜语"

世上没有天上掉馅饼的好事。类似"半价"或"赠送"，都只是吸引顾客眼球的营销用语，只能增加人们的不必要消费。家长必须明确告诉孩子这些用语的真实面目，只有这样，才能让他摆脱各种消费诱惑。

◾记住那些物美价廉的店铺

如果记住了这些好店铺，那么肯定会大大减少冲动购买的可能性。为挖掘这些店铺而努力的过程，便是合理消费的第一步。

经济小故事

营销用语真面目

无糖橙汁

"不含糖,所以有利于健康",这是人们的普遍想法。其实这句话的真面目是,"没有人为地添加白糖",也就是说橙子自身的糖分还完好地保留在其中。

无糖口香糖

"不含糖,更健康",这是无糖口香糖给人的直观印象。但这句话的本来面目呢?"不含糖,的确如此,但是包含了类似液状糖稀等其他糖分。"请记住,液状糖稀,远比白糖要便宜得多。

天然汽水

这是一家饮料公司的牌子。所谓"天然",事实上与人工所对应的"天然"这个词毫不相干,只是这家公司的牌子而已——"天然"。说白了,就是采用"喷涌的泉水"制造而成的。

零胆固醇玉米油

零胆固醇?当然是身体棒棒、价格昂贵了。非也,不妨让我们重新推敲一下。玉米食用油没有胆固醇,胆固醇本来就不可能出现在玉米等植物性食品中。这根本就是不值得一提的常识性问题,厂商却非要"此地无银",为产品披上新的衣裳,可见营销文化的无孔不入。

感受和心情

"滋润的感觉""柔嫩的感觉""清爽的感觉",但是如果使用过后没有这些感觉呢?

这就只能怪消费者自己了。所谓感觉和心情,都是感性的东西,当然和那些产品的成分或者效果扯不上丝毫的关系了。

折扣店与消费教育

父母与子女围绕"消费"此起彼伏的矛盾相当普遍,这一点儿都不稀奇,也就是金额上能有一些出入。尤其是在今天，我们的孩子所处的环境可谓是父母一代根本没有想象过的"消费新天地"。在父母那个年代，家里条件不好，而且需要花钱的地方也相当有限，消费的场所也不过是文具店、小商店，如果是生活在大城市，那么也许会多个百货商店吧。但如今却不同，我们的孩子一览无余地暴露于折扣店、大超市、百货店、电视购物、网购等铺天盖地的商品广告和消费环境中。

尤其是大城市随处可见的折扣店，更是子女消费教育中的一个天敌。你肯定记得孩子们迈进折扣店时那副表情和轻盈的脚步，还有充满惊叹与向往的眼光。琳琅满目的商品、高堆如山的货物、收银台前排得长长的队伍……这些都会给孩子一种对于消费的错觉。

"瞧，消费简直是一种美德！"

有一年，折扣店隆重登陆济州岛。没过多久，这里的家长便发现孩子们变得越来越大手大脚。在过去，狭窄的文具店便是孩子的全部天地，而如今，庞大的折扣店简直就像天堂一样。于是，父母与孩子围绕零花钱的矛盾也日益加剧，折扣店里缠着妈妈买玩具的孩子也不再少见，甚至有些孩子开始打父母钱包的主意，而且这种孩子越来越多。

有个妇女团体，总结出孩子的这些突然变化都是由折扣店的进驻导致的，于是积极寻找解决方案。最终，她们找到了解决问题的钥匙，即"培养孩子为精明消费者"的最佳老师就是父母自己。

家长们逐渐懂得，消费也应该纳入教育的范围当中，仅靠"省着点花"已远远不够。言必行，行必果。

> ●爱心小提示
>
> 　　如果记住了这些好店铺，那么肯定会大大减少冲动购买的可能性。为挖掘这些店铺而努力的过程，便是合理消费的第一步。

"既然无法避免,不如正确引导。"

1. 如果带着孩子去折扣店,那么请事先制定一个购物清单,只购买清单上面的物品。如果孩子有需要买的东西,那么也让孩子写一个自己的购买清单,并严格执行。
2. 买东西时,以克(或升)来计算价格。除了价格,还应对商品质量、服务等其他因素进行比较,并提醒孩子最终选择商品时应以什么作为选择标准。
3. 时刻提醒孩子,名牌不一定是最好的。
4. 必须检查发票,并附在记账本或消费本后面拿给孩子看。告诉孩子,发票是换货时必需的凭证。
5. 明确告诉孩子每月可消费的限额是多少(如消费不得超过总收入的30%),并解释必须遵守这个范围的理由,使他明白什么才是有计划的消费。

储蓄成就梦想

"我这宝贝儿子太沉迷于游戏了。如果让他存钱，也都被他拿来买那些游戏机、游戏卡之类的游戏产品了。您说这种情况下，我还要鼓励他存钱吗？"这是一次讲座中一位爸爸的提问。不知道六位"铁哥儿们"是什么想法？

 储蓄当然是越多越好了，管他是什么目的呢？

 我倒是可以理解这位爸爸的苦衷。爸爸是希望孩子不玩游戏或者不那么沉迷在游戏中，但是一旦存钱，肯定又避免不了孩子用那些钱购买游戏卡，最终让孩子陷得更深。那么到头来，存钱只能成为助长毒草的帮凶。

 我赞同贤小飞的话。那么储蓄也有不好的后果吗？

 我倒是有点不好确定。都说经济教育难就难在不容易找出正确答案来，听起来好像这也对、那也有道理。

反正我觉得还是存钱好。

 对，必须存钱。储蓄中最重要的一点，在于这些用于储蓄的钱来源于定期发给孩子的零花钱。此外，具体按照什么比例储蓄、存多久、将来用于何处等，都应该有个明确的计划。

 可是这个目标是让人不能自拔的游戏啊。

 储蓄嘛，也是自己实现目标的训练。目标一旦实现，人就会变得充满成就感。恢复自信，这才是关键所在。

 至于你说的储蓄是实现目标的训练，这一点我很认同。要是有能让孩子一点点远离游戏、让爸爸减轻担忧的办法，那就更完美了。

 对。大家看看有没有什么好的办法？

我觉得应该制定一个零花钱的管理标准，并严格遵守这个标准。而且零花钱里最好包括消费（学习用品、交通费、买零食的钱等）、捐赠、投资等项目。大家都说在这种名目下储蓄的话，会更加有利于孩子了解钱的特殊价值，而一旦了解了金钱的真正价值，那么总有一天会去考虑怎样消费才算真正有意义吧。

> **爱心小提示**
>
> 储蓄中最重要的一点，在于这些用于储蓄的钱来源于定期发给孩子的零花钱。此外，具体按照什么比例储蓄、存多久、将来用于何处等，都应该有个明确的计划。

◎ "正确的储蓄",真切地存在着

几年前遇到慧珍,她显得很忧郁。

"做事很消极,对什么都不感兴趣,也没什么朋友。"

慧珍妈妈看着慧珍令人担忧的状况,决定要找出解决问题的方法。当时我建议慧珍尝试的就是参加"经济活动"。慧珍上小学二年级时,妈妈便牵着慧珍纤弱的小手去银行以慧珍的名义办了张存折。手里捧着以自己的名义开户的存折,慧珍忍不住问妈妈:

"妈妈,什么叫利息?"

"银行里的叔叔阿姨都在做什么业务?"

"钱是怎么挣到的?"

慧珍从拿到存折的那天起,就踏踏实实地定期储蓄,使存折里的钱一点点多了起来。不但如此,她还学会了如何通过交易活动在跳蚤市场获取"利润",并把收入存到银行里,一点点积累着储蓄金额,并从中体验到了别样的快乐和满足。尤其是在跳蚤市场的体验中,她逐渐懂得了资源的可贵,并一点点发现了自己的价值,人也变得积极和富于挑战精神了。

到了五年级,慧珍便多次被媒体和报纸介绍为"儿童经济人物",还获得了"优秀学生奖"。此时的慧珍,已经是一个无比自信的孩子了。

通常人们片面地认为,储蓄就是存钱。如果只停留在这一理解层面上,那么只能说是领悟到了储蓄的10%而已。正如储蓄为慧珍带来了翻天覆地的变化一样,储蓄是简单有效的"经济教材"。

此外，储蓄还会使孩子形成金钱概念和"属于自己的钱"的价值认识，使他们通过零钱管理、建立目标、实现目标等一系列努力获得成就感和自信，从而形成正确的经济观。

储蓄方式的教育，以"正确的储蓄"为前提。尽管储蓄对大家来说非常熟悉，但是大多数家长都未能引导子女进行正确的储蓄。如果想让孩子通过正确的储蓄成为出色的经济人物，那么不妨仔细留意一下下表中几个重点内容。如果你回答了"不"，那么建议你立刻纠正，使它变为肯定答案——"是"。在教育子女的路上，从来没有"晚"的说法。

> **爱心小提示**
>
> 储蓄方式的经济教育，必须以"正确的储蓄"为前提。储蓄属于体验领域，从小培养就能成为一种习惯。储蓄的习惯化，还包含着定期性与持续性两种含义。

确认事项	是	否
1. 领着孩子前往金融机构，为孩子申请了"儿童账户"？		
2. 在金融机构，让孩子自己选择最心仪的工作人员来办理开户业务？		
3. 引导孩子自己储蓄？		
4. 鼓励孩子坚持定期储蓄？		
5. 制定一个储蓄目标，并引导孩子实现它？		
6. 在存折上写了储蓄目标？		
7. 允许孩子拥有3~4个小型的存钱罐？		
8. 引导孩子从零花钱中拿出固定金额来进行储蓄？		
9. 家长能够认识到，储蓄行为不仅仅是单纯的行为，而是培养孩子耐性等诸多习惯的行为？		
10. 鼓励孩子进行其他经济活动，将零花钱之外的所得也作为储蓄的一部分？		

🔵 最迟在10岁前给孩子一个他自己的银行账户

储蓄并非一次性庆祝活动。

储蓄属于体验领域，从小培养就能成为一种习惯。快则从幼儿园开始，慢则从小学低年级开始，总之在步入高年级之前，有必要让孩子懂得什么叫"正确的储蓄"。储蓄的习惯化，还包含着定期性与持续性两种含义。储蓄意义非同小可，那么怎样才能做到根据孩子的年龄"量身定做"呢？

幼儿园

前面我们提到过《瑞丹12岁，拥有1000万》这部经济童话书。

小主人公洪瑞丹的妈妈，在女儿7岁时便为孩子进行了储蓄教育。这件事源于一件小事：在一次幼儿园举行的储蓄活动中，还没有金钱概念的瑞丹把用于储蓄的钱统统分给了小朋友们。这件事后，妈妈便决定为瑞丹进行储蓄教育。从那以后，每当有了零花钱，或者通过自己的劳动有了小小收入时，瑞丹都会拿出50%进行储蓄。有一次还通过网上交易卖出一件二手货，挣了一笔钱。就这样，当瑞丹升入中学时，账户里的金额已经超过了1千万韩元。

尽管每个孩子都各有特点，但孩子一旦上了幼儿园，那么就能够理解大人为他们讲解的何为金钱及我们的生活为什么离不开钱、花钱和存钱各有着怎样的意义等内容。

我们有必要让孩子拥有金钱管理权,有义务告诉他什么是钱,但应注意的是,千万不能一味地强调储蓄。

小学一二年级

孩子到了这个年龄段,就有必要告诉他,什么是储蓄业务、为什么要储蓄、银行和金融机构都在进行什么业务,以及储蓄的必要性和原理等。孩子上了小学,家长就应该定期给他零花钱,就算是为了训练他管理零花钱的能力,也应该引导他开始储蓄。

早则9岁,晚则10岁,至少要在孩子10岁时,给他开个银行账户,这是每个爸爸的义务。孩子在这个年龄段已经完全可以理解储蓄的概念和必要性了。到银行开户时,可以提醒孩子带上开户所需的材料(如父母的身份证、户口本等),指导他填写存款申请书,并介绍密码的用途、重要性及自助服务的使用方法等,这整个过程将是非常难得的教育体验。

小学三四年级

孩子到了这个年龄段,就不会单纯地认为"下黄金蛋的鹅"仅仅是愚蠢的农夫的故事了,他们已经可以将这个故事与本金、利息等经济现象联系起来理解。大鹅是"本金",黄金蛋是"利息",本金消失了,利息也就没了。家长可以告诉孩子,钱为我们带来的利益便是利息。

最关键的一点,是将存折完全交给孩子自己来管理。

这个年龄段的孩子已经可以理解，和利息密切相关的除了高额的本金外，还有存款时间。时间越长久，利息也就越多。孩子一旦理解了提早储蓄的必要性，那么钱财管理也就可以说有了一个质的飞跃。

小学五年级

孩子到了这个年龄，除了银行业务，家长还应该为孩子介绍金融机构的其他业务种类。根据小学课程安排，到了五年级，便可以学到有关金融机构种类和功能的内容，我们不妨为孩子详细地介绍一下，例如，银行的贷款、贷款利息与存款利息的差异、单利和复利的概念，以及利率计算方法、银行储蓄方式等；除此之外，还可以介绍保险、股票、基金等多种产品的销售内容；可以侧重比较一下储蓄较多的客户与少的客户，看两者在利息方面有着怎样的区别，形象地说明储蓄的重要性；这个过程中，还可以捎带说明高利贷及高利贷偿还时与一般的金融机构在利息上有何区别等内容。（有关利息的相关内容，参照96～97页）。

一旦孩子到了小学五年级，那么爸爸必须告诉他一点，即要通过实践获得所得，并将这部分所得纳入到储蓄活动中。

除了父母给的零花钱、亲戚给的压岁钱，也要把自己挣到的钱（所得）纳入储蓄活动中。孩子的所得活动，其意义在于让孩子认识到钱与劳动的价值，这一点远远高于他具体挣到了多少钱。孩子通过这样的体验，会非常自然地认识到钱的重要性，并懂得储蓄相比

●爱心小提示

一旦到了小学五年级，就有必要教育孩子通过所得进行储蓄，除了父母给的零花钱、亲戚给的压岁钱，也要把自己挣到的钱（所得）投入到储蓄中。孩子的所得活动，其意义在于让孩子认识到钱与劳动的价值。

消费更具有意义。(有关所得的详细内容,将在第四章"创意型生产者"中介绍)

五个宝典,让储蓄成为快乐的事情

一旦手里有了钱,无论是大人、小孩,首先都会想到消费。

能让孩子自觉储蓄,并非一件容易的事情。所以有必要为孩子灌输"储蓄是件快乐而有趣的事情"这种意识。通过这种认识,让孩子自然地与储蓄成为好朋友。下面,就来介绍几个让储蓄变得快乐的方法。

尽量和孩子共同参与

孩子第一次开户及在后期进行存钱、自助业务、信用卡提取现金等与银行储蓄相关的业务时,父母最好陪同孩子一起前往银行。在申请存折时,应有意识地让孩子意识到这是他自己申请的属于他自己的存折。

一旦为孩子灌输了储蓄是件"快乐而有趣的事情"这种概念,那么孩子就会自然而然地与储蓄成为好朋友。

第一张存折,委托值得信赖的业务员办理

当你带着孩子前往邮政储蓄银行等机构办理第一张存折时,请这样嘱咐他:"这里工作的叔叔阿姨中,你可以选一位你最信赖、最喜欢的来帮你开通账户。"人生第一张存折,通过具有好感的工作人员来办理,这本身对孩子来说也将成为他美好的回忆,同时有助于孩子对储蓄和金融机构产生兴趣并持肯定态度。

这里比较麻烦的是排序编号，不妨拜托一下周围其他客户，或者直接跟银行窗口负责人说明一下请求优先处理。如果这个环节比较繁琐，那么可以选择邮局等相对人少的地方。

记录收支明细

存折里有详细的存入、支出、余额等分类，明细里还会显示网上交易、跨行交易等内容。但现金存款一项只能看出存款日期和具体金额，至于是哪项收入，就不得而知了。因此，存钱时最好把这笔钱的来历也备注在存折上，这样就一目了然了。哪笔收入存进银行、取款用于何处，仅靠一个存折就能统统搞定，再也不会一头雾水了。这种方式会使存折管理变得更加具体化、更加有趣。

存钱罐越小越好

记得韩剧《巴厘岛恋人》播映后，立刻掀起了购买超大型胖猪存钱罐的热潮。如果你家里恰好也是这种巨大型存钱罐，那么建议你立刻把它丢掉，因为家里放着这么巨大的存钱罐，孩子肯定会迫不及待地想要填饱它的肚子。但是，这个惹人爱的超大型存钱罐，可没有想象中那么容易填饱肚子。相比刚开始时的兴致勃勃，它的"无底洞"肚皮，很快就会让人感到疲惫，甚至半途而废。说得实际一些，就算坚持到填满它的大胃口，也没有太大意义，因为最后我们会发现这种努力并不能增添一分钱的利息。而且，如果每个小朋友都搂着一个大

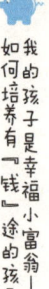

存钱罐，就会导致零钱的无法流通，国家就不得不再发行一批硬币，因此，这对国家来说也是个不小的经济损失。记得有一段时间韩国一些银行还兴起过抗议商家出售胖猪存钱罐的活动，那也是由于超大型存钱罐带来的负面作用导致的。

胖猪存钱罐不应该成为"存钱的工具"，而应该是"通往金融机构的中转站"，这才是我们主张存钱罐不要太大的理由。商店中的大铁罐式的存钱罐、昂贵的陶瓷存钱罐、电子式整额取款机，这些琳琅满目、功能多样的存钱罐，在经济教育角度上并没有太大意义。

当孩子开始对存钱感兴趣时，就应该给他买个小存钱罐，并明确告诉他存钱罐的意义。

> **爱心小提示**
>
> 小猪存钱罐，不应该成为"存钱"的工具，而应该是"通往金融机构的中转站"，这才是我们建议存钱罐不必太大的理由。

◎ 为了正确的储蓄教育，爸爸何去何从？

"我很想告诉孩子有关金钱和经济的内容，但有些迷茫，不知从何讲起才好。"

常听到一些家长这样诉苦，能一针见血地回答这个问题的"韩国答题模式"恐怕并不多见。像储蓄、投资、消费、钱、收入、零钱管理等，看似平凡，但要让孩子真正了解这些内容，家长们常常会感到力不从心。因此，爸爸们选择用何种方式来教育孩子正确地储蓄，显得尤其重要。

将"父母账户"转换为"孩子账户"

"拥有自己名字开户的存折的同学,请举手!"

和孩子们在一起,无论是在集训中心、教室还是课堂,我都会首先问他们这个问题。大部分孩子在面临这个问题时,都可以很快举起手。看来韩国的家长对于子女们的储蓄关注度已经比较普及了。

于是我又问了一个问题:

"和爸爸妈妈一起去银行办理存折的同学,可以继续举手,其他请放下。"

这回,有80%~90%的同学唰唰地把手放下。

第三个问题:

"那么,剩下的同学中,会把零钱定期存款的,可以继续举手。"

又有一半放下了手。

读到这里,如果您心里默想的答案不是"yes",那么,无论孩子目前的存折里有多少钱,都应该重新反省一下作为家长对孩子进行的储蓄教育模式。

我曾遇到过这样一个孩子。他今年9岁,存折里却已经有超过2亿韩元的存款,照孩子自己的话说:"都是爷爷给的。"

这孩子可谓是"9岁小富翁"了,但要说对储蓄本身的理解和体会,那么远不如旁边这位"靠零花钱已经存了15万韩元"的孩子。前者可以说是"父母的存折",后者则是"孩子自己的存折"。就算"父母的存折"以孩子的名义开户,存款最终也归孩子将来拥有和使用,但从储蓄、金融及经济教育观点考虑时，再大的数目也毫无意义。

那什么是有意义的存折呢？金额可以不多，但必须是靠孩子自身的努力开办的存折。说得具体一点就是，每笔零花钱里匀出的一部分、跳蚤市场里靠交易挣来的钱、参加节能等受益活动换来的"沾满汗水的钱"……靠这些"努力"积累存折。

也许这样的情形并不陌生：由爸爸来办理手续，妈妈来存钱，孩子空挂个名字。这样的存折，就是前面所说的"父母的存折"。每当所存金额达到预期数目时，家长又会无不欣慰和自豪地对孩子说："这些钱足够你上大学用了，你就甭担心别的，只管安心学习。"这样做的结果是，随着时间的推移，孩子们会渐渐把储蓄看做是父母理所当然的义务。如果家长想培养孩子的经济意识，并让他靠储蓄一步步接近梦想，那么不妨现在就陪孩子去银行，办个"教育存折"，引导他一路坚持下去，争取真正成为存折的拥有者和管理者，从而使"父母存折—父母储蓄"模式变为"子女存折—子女储蓄模式"。

就算金额不多，但只要是靠孩子自己的努力换来的结果，那么这个存折就可以说是"孩子自己的存折"。我们应把"父母存折—父母储蓄"模式真正改变为"子女存折—子女储蓄"模式。

SSID 式分类管理法

储蓄，可以看做是制定一个梦想（目标）并在一点点实现它的过程中积累成就感和自信心。

想要达到这样一个目标，就必须把储蓄逐渐变为一种习惯。家长也应让孩子认识到，最佳的方法是培养合理用钱的好习惯。

曾有报道表明，当问及家长为了子女的未来必须告诫孩子的是什么时，30.4%的家长回答为"管理金钱的能力"。这个结果有些让人出乎意料，高出回答"驾驭英语等外语能力"的家长（29%），可见，金钱管理的重要性已深入人心。

理论上是这样，但家长们真正投入的努力却远远不够，尤其是爸爸们，因为他们普遍认为这比想象的要难很多。

其实，并没有大家想的那么难。你问方法是什么？

那就是制定目标，即管钱的目的是什么。如果你听得有些摸不着头脑，那么为你介绍一下"SSID式分类管理法"。

> **♥爱心小提示**
>
> SSID（消费、储蓄、投资、捐赠）式分类管理法：当拥有一笔零花钱或者收入时，将其分为消费、储蓄、投资、捐赠四份，并规定每笔钱的限额，以达到系统管理的目的。

在这里，S（spending）代表消费（所用的钱），S（saving）代表储蓄（积攒的钱），I（investment）代表投资（以投资为目的积攒的钱），D（donation）代表捐赠（捐给他人的钱）。

一旦有了一笔零花钱收入，那么就把它分为消费、储蓄、投资和捐赠四份，并规定每份花销的限额。例如，当有了1万韩元的零花钱时，其中的5000元（50%）用来储蓄，3000元（30%）用来消费，1000元（10%）用于投资，剩下的1000元（10%）用于捐赠。

除了平时的零花钱，其他收入也可以按照同样方式进行SSID式管理，如收益活动挣来的钱、亲戚给的红包、奖学金等，那么就可以把所有收入管理得井井有条了。

一旦制定好了目标，就准备4只小猪存钱罐吧，在它们的胖肚子上依次贴上"消费罐""储蓄罐""投资罐""捐赠罐"的标签。接下来要做的，就是每当有收入时，就按照事先制定好的计划，把他们分别放到4只小猪里面，等存到一定金额时，就立即抱着它们把钱存到银行里。

储蓄，通往梦想的过程

作为家长，你肯定曾经听过孩子这样的请求：

"爸爸，给我买个小企鹅玩偶吧！"

"爸爸，我想要个帅帅的自行车！"

随着孩子年龄的增长，他们"想要"的对象的身价也会日益增加。每逢这时，就是教育他们储蓄的绝好机会。家长们可以这样回答："哦？想要？那么自己买去！"

有一个小学二年级男孩儿，他拿自己用一年半的时间积攒下来的钱买了一辆自行车。

早在入小学时，作为纪念，爸爸就给他买过一辆自行车，加上自己买的这辆，他已经拥有两辆自行车了。但是他不小心弄丢了一辆，另一辆由于长期放置在外面没能妥善保管，久而久之也就生锈和变旧了，于是男孩儿要求爸爸给他买第三辆自行车。

这次爸爸不但告诉他"自己去买"，还告诉了他如果好好管理自己的零花钱并合理储蓄，完全可以自己给自己买辆自行车。当然，爸爸也慷慨地相应提高了零花钱的数目，儿子也就很努力，而且把每次节日家长给的钱也基本都存了起来，直到自己能够买得起一辆自行车。

"'这辆车可是来之不易，一定要小心骑哦。'每当姐姐要借自行车骑，我都会千叮咛万嘱咐，'不如，姐姐也像我这样把钱存起来，自己买辆自行车吧。'"

不仅孩子的意识改变了，还多了一个好习惯，每次骑完车后都会将其小心擦拭一遍再妥善保管好。对孩子来说，这辆自行车早已不是单纯的"移动工具"，而是自己成就梦想的一个宝物了。

再来说说住在首尔木洞的另一个男生：

这位男生有个"特长"，就是太容易丢三落四。被他丢掉的东西，大大小小数不胜数。更夸张的是，有一年冬天，他丢掉了价值数十万韩元的羽绒服，的确算是丢东西大王了。问题是他丢了东西从来没想过要去找一找，因为他早已习惯父母对他的有求必应，早已不知道什么叫珍惜。妈妈看在眼里十分担忧，于是提议给儿子零花钱，让儿子把它积蓄下来，最后买个游戏机。儿子对这个提案欣然接受，也十分用心地去存钱，一心想买个游戏机。而事实上，妈妈也发现，孩子确实发生了天翻地覆的变化。

"我记得这孩子以前丢个几十万的衣服也不知道心疼，现在连一块儿小橡皮都用到芝麻粒大小还不舍得扔掉。要是让他赶紧买个新的橡皮吧，他还会给你讲起课来，说这钱如何来得不易等。如今一些小事都不用我们操心了，他自己就

● 爱心小提示

应该让孩子制定储蓄目标，更应让他有机会体验。只有这样，才能让他意识到，储蓄并非"用完之后的储蓄"，而是"为了用才来储蓄"。储蓄是实现梦想的过程，也是机会。

能管理得很好。"

我还接到过这样一封来信，是来自地方经济教育指导师（面向家长讲授经济教育的讲师，家长学员回到家后再为子女进行经济教育）的一封信，主要内容是育儿过程中有关实现储蓄目标的经验。

"我认为从小养成的储蓄习惯，对今后的生活也会产生影响，因此我也特别注重有关储蓄目标的制定。目标应具体一些，而且相比完全交给孩子自己，不如全家一起行动，效果更加显著。

"我们全家制定了一个计划，就是大家一起攒钱，然后一起去旅游，具体方式是定期存款。孩子爸爸有固定工资，定期存款不成问题，我和孩子都没有固定收入，所以就定的活期存款。这样经过一年时间后，大孩子攒了50万韩元，小的呢也有30万韩元，我也攒了能有100万韩元，孩子爸爸是一共攒了150万韩元。这些加起来，我们就可以去日本旅游了。另外，我们给两个孩子每人1万日元（1日元折合人民币0.08287元），好让他们在旅游期间买些零食或者选购一些纪念品和礼物。"

我们在给孩子制定储蓄目标的同时，也应该积极为他们准备体验的机会。这样做的目的在于让孩子们改变过去的观念，即由"花完以后存钱"转变为"使用之前存钱"。储蓄是实现梦想的过程，也是机会。

"今天爷爷给了1万韩元，让我给存起来了，这些钱可以买半个手机键盘了，剩下的还得靠存钱继续积攒下来。"

这是一个小学生在妈妈的提议下，把为了购买手机而存钱的过程写进日记里的一篇。等他上中学时，终于靠自己的积蓄给自己买了个手机。

这位妈妈欣慰地说："孩子不但特别珍惜靠自己买来的手机，而且话费用得也远比其他孩子少。"她还强调了储蓄教育效果的不可估量值。

假设孩子很想要一只小狗，那么可以让他把想要的狗的种类及外形大致画出来，每当存进一笔款时，就给图画涂上一些颜色。通过这种方式，让孩子真切地感受一步步接近目标的过程。这种方式相比空泛抽象的理论目标更具有教育效果，因为能够用眼睛证实，用手来感触。

让孩子亲眼看到，每次储蓄都能够更接近目标。立体式教育，对于培养孩子的想象力非常有益。

身体力行，用眼睛证实目标

如果孩子打算用自己的储蓄买一部心仪已久的手机，那么家长不妨按照以下方式来引导：

1. 制定一个计划书，上面写上储蓄的目标——"购买手机"，并想好每次有了零钱或其他收入时具体存多少。把写好的计划书贴到桌上。
2. 让孩子确定想要购买的手机款式，并从相关网站下载图片，或者从产品宣传册里剪下相关图案贴到桌子上。
3. 每当得到一笔钱时，让孩子按照计划放进事先备好的小猪存钱罐里，然后记录下实现了目标金额的比例，并在图上作出标记。
4. 写日记，记录实现目标的每一步进程。

如果说这种教育属于立体式教育，那么它的立体效应就是培养想象力。

储蓄里的成功因素

也许没几个人了解，10月份最后一个星期二为韩国的"储蓄日"。

1973年3月30日，韩国政府为了鼓励储蓄和保险，特意把这一天定为储蓄日。从此，不仅是学校，整个韩国社会公民都对储蓄有了重新认识和前所未有的关注。学校将每月的第一天固定为储蓄日，金融机构也为了吸引这些学校的储蓄而作出了种种努力和尝试。只可惜经过一场外汇危机后，经济进入了长期的停滞期，收入减少了，导致储蓄也减少了，甚至储蓄的意义和比例也随之降低了。渐渐地，学校曾经的储蓄日也消失了，金融机构对此的关注也如人走茶凉般消失了。曾经如同节日一样热闹异常的储蓄日，如今只剩下空有其名的"储蓄鼓励日"。唯一没变的，就是韩国政府依然会针对大量储蓄的个人和企业颁发奖状。

在人们的实际生活中，"储蓄即攒钱"，而且是"多多益善"，所以通常善于储蓄的人也是能攒许多钱的人。同样，那些善于储蓄的小孩，相比同龄人，也是攒了更多钱的人。具体在什么情况下以什么方式存钱并不重要，久而久之，无论是大人还是孩子，对于储蓄的认识逐渐变味为储蓄越多越好。

这样不但失去了储蓄本身的意义，也浪费了许多通过储蓄对儿女进行经济教育的机会。对于储蓄，我们不得不重新审视一下。

储蓄的意义何在？首先要改变对储蓄的认识。不应把子女的储蓄行为片面地用数量来丈量和误导，这无异于白白丢掉了能够引导孩子走向"成功教育"的许多机会。我们反复强调，将储蓄等同于"攒钱"，事实上仅仅道出了储蓄真谛的10%。

那么剩下90%的含义呢？这与储蓄的习惯密切相连。为了能把这种行为习惯化，就必须使之变为长久而定期进行的活动。长期性、定期性，这两者一旦与经济碰头，就成了"成就富翁的必要因素"。不但是经济领域，就算是在其他领域，这两点也同样举足轻重，能够让我们的孩子正直而独立地成长。储蓄里蕴含的成功因素有许多，如果不想一叶障目，丢掉储蓄价值的90%，那么必须摆脱"储蓄即攒钱"的观点，这也是储蓄需要具有教育性引导的一大原因。

利息，使人们认识到未来的价值

我们通过储蓄这一行为教给孩子的第一点，就是钱的可贵性。

就像家长经常对花钱如流水的孩子所说的那样，就算挖地三尺，也不会挖出一毛钱。钱，是对自己应做的事情付诸努力的结果。

其实我们仅靠把钱托付给金融机构作为储蓄，也能得到相应的回报，那就是利息。

借了钱，就要付出相应的代价，这便是利息。本金相对应的利息的比例，为利息率或者金利。利率即钱的价值。

所谓利息,就是钱(本金)替我挣来的钱。其实只要对孩子讲解清楚有关利息的原理,仅靠这一点,子女们也会懂得金钱的可贵性。

这里有个历史事例,可以很好地说明利息具有多大的价值。

曼哈顿岛屿的地价是多少?

1626年,荷兰总督彼特·密聂特(Peter Minuet)率领军队声势浩荡地登录美洲新大陆曼哈顿岛屿,经过与当地土著人的"协商",仅用几串珠宝和鱼钩便购买了今天的整个纽约州(今天的华尔街,源自为防止印第安人进攻而建的城墙)。

按照当时的价值,那些珠宝和鱼钩算起来仅值24美金,实在是廉价得很。而如今,昔日的曼哈顿岛屿房地产早已暴涨为1000亿美元,人们也对荷兰人的这一举动进行非难,理由是他们当时全靠迷惑印第安人才得以用如此离谱的低价买下曼哈顿。

直到有一天,曾与沃伦·巴菲特并称为"投资鬼才"的约翰·邓普顿为荷兰人洗刷了数百年的"冤屈"。他说:"当时付给印第安人的24美金,绝非少得离谱的钱。试想一下:如果把那些钱存入了复利8%的利率商品,恐怕早已增长到足够购买整个曼哈顿房地产也绰绰有余的巨资。"

复利计算法=本金×(1+利率)存期的乘方

如果将故事中的数据代入到上述公式中,则是$24 \times (1+0.08)^{3802} = 120$兆美元。这些钱庞大到不但可以购买曼哈顿岛上所有的房地产,而且可以购买好几个这样的岛

经济小故事

利息与利率

急需用钱时,我们可以向银行、保险公司、信用卡公司等金融机构借钱,当然,也可以向亲朋好友借。借钱就需要付出相应的代价,那就是利息。

贷出或借出去的钱(即本金)所对应的利息比率,叫做"利率"或者"金率"。利率通常用高或者低来表述,利率的基准通常是一年。假设10万韩元存入银行时的利息为1万韩元,那么10%即为利率。

利率,其实是"钱的值",即价值。正如所有东西都有自己的价值一样,钱也有它自己的价值。钱的价值不固定,随时都会变换,最大原因就是供需关系的改变。需要用钱的一方(需)多于提供的一方(供)时,利率就会变高;而想要借出的一方(供)多于需要的一方时,利率就会下降。决定钱的价值的另一个重要因素就是时间,借钱或借出的时间周期越长,那么利率也会越高。因为时间周期越长,期间可能出现的风险系数也越高。

屿。当然,就算是没有复利8%的金融产品,单从利息价值与储蓄意义上来讲,这个故事也足够具有说服力。

培养耐力

储蓄可通过本金和利息体现钱的可贵性和价值,是不错的教材。

也许美国斯坦福大学的沃尔特·米歇尔的棉花糖实验是对这一点的最好证明。

情景 1

别急着吃你的棉花糖

沃尔特·米歇尔博士在征得孩子父母的同意之后,让满4岁的孩子连续5个小时不吃不喝,进行了一个实验。将孩子单独放在房间后,递给他1颗棉花糖,并让孩子进行如下选择。

⇨ [选择一]"你可以现在就吃掉它!"
⇨ [选择二]"如果你愿意忍耐15分钟,那么我愿意再给你一颗。"

米歇尔博士在追踪两个调查组的成长历程后,得出如下结论:

"那些肯等待15分钟的孩子相比无法等待的孩子,成绩更优秀,而且社会适应能力也更强,而且他们在成人后成为富翁的概率更高。"

爱心小提示

忍耐力会逐渐发展为一种自我控制力,成功将他们引向富人之路。

这个结果真的是鼓舞人心。不过细想一下,这种结果其实也算在合理的想象范围之内。因为按常理来看,那些能够忍耐、具有韧性、懂得自我控制的人相比其他人,无论是学校成绩还是在社会上的适应力及经济能力,成功的可能性都要略胜一筹。

不过话又说回来,有几个家长愿意参加这样的研究调查,忍心让自己的孩子挨饿呢?又会有几个家长在平时就要求孩子对美食诱惑说"No",以此来训练孩子的自我控制力呢?当然,凡事都没有绝对,并不能断言,这样的严厉干涉方法就一定能抑制孩子的欲望。而且,用人们最为本能的吃的东西来折磨孩子,是不是稍不留意就容易脱离训练和教育的初衷,让孩子受到伤害呢?

其实大可不必这样，这里有个最为现实、最为有效的教育方法。储蓄可不是高兴了就存钱、不高兴了就可以"三天打鱼，两天晒网"的行为，至少也应该能够符合以下几点标准，才能称之为储蓄。

- 何时支付给孩子零花钱，父母和子女之间是否有个约定？
- 是否按照约定履行？
- 一旦有了零花钱或额外收入，究竟要拿出多少用来储蓄？对这些，子女是否有着自己的计划？
- 孩子通过储蓄想要购买的物品或想要实现的目标是否明确？

如果对上述问题，你都能肯定地回答"是"，那么恭喜你，这说明你的孩子正在依靠储蓄这一行为，学着控制消费欲望，并努力使自己一步步靠近自我目标。

在这一过程中形成的忍耐力，将会成为引领孩子走向成功的有力资产。对于所拥有的收入，懂得如何制定目标和计划以及存多少、用来做什么的孩子，必然会比其他孩子有个更加明朗和乐观的未来。

就算不是米歇尔实验，忍耐力也会成为自我控制的一种习惯，而这一习惯也会有助于提高孩子的学习成绩和社会适应力，成功将他们引向富人之路。

经济小故事

定期存款，学校中奇怪的惩罚

我曾受邀到仁川的一所中学做讲座。

讲座结束后，在与筹办方老师交流时，那位老师略带欣慰地说道："听了您的讲座，我对自己的那套方法更有信心了。"

看到我一脸困惑，这位老师才娓娓道来，向我介绍起自己的那套指导方法。原来，这个老师一直在负责孩子们的生活辅导。长期以来，他对所谓的"爱闯祸的差生"和"模范生"进行着仔细的观察和分析，以求找出两者之间的区别。结果发现，通常人们理所当然地认为的家庭收入差异、父母学历及是否单亲等这些因素并不能成为划分两者差异的标准。

出乎意料地，老师找到的答案是这些孩子是否储蓄。他发现其中一些孩子会进行定期储蓄，而另一些则不会。那些善于储蓄的孩子，没有一个是属于"爱闯祸的差生"。我当时就拍案称赞，说这个发现远比"米歇尔的棉花糖故事"更为伟大。

按照老师的解释，那些孩子能够定期储蓄，说明他们的父母对子女的教育也投入了相应的精力。尤其是储蓄这件事，必须克服种种诱惑才能实现，因此在这个过程中，能很好地锻炼孩子的自我控制力和忍受能力。那些爱闯祸的孩子，他们的自我控制力并不很好。

由此受到启发，这位老师对于闯祸学生的惩罚也非常特别。谁要是不小心闯了祸，视情节轻重，老师会让他办个存折，定期储蓄。

"你要记住，对你的惩罚就是，未来6个月时间，你必须定期往这个存折里存钱。"

"你这次闯的祸可真不小，至少要在未来一年时间一直往这个存折里定期存钱。"

孩子能够定期存款，说明父母在管教孩子时也投入了相对更多一些的关心。尤其是储蓄这件事，必须要克服种种诱惑，才能实现，因此在这个过程中，能很好地锻炼孩子的自我控制力和忍受能力。

🔵 有关储蓄的问与答

最近人们对储蓄教育的重视程度好像大不如从前了。

大体上人们的流行趋势已经从储蓄变为了投资，而且无论在幼儿园还是中、小学，定期性储蓄活动也明显呈减少趋势。

另外，金融技术领域存在的"储蓄不挣钱"的偏见，也是储蓄教育逐渐被淡忘的一个原因。其实储蓄行为里蕴含了许多看不见的教育真谛，如为孩子灌输未来价值、自我控制能力、忍受力等，而这些正是成就"成功人生"的前提和因素。因此储蓄无论利率多少，本身就很重要。

面对如此重要的储蓄，在实践过程中许多家长都遇到了预料之外的困难。以下是我在接触众多小朋友及他们的父母时的对话，可以通过问答，了解他们的苦恼并找出解决妙策。

Q：说到储蓄的重要性，大家都非常明白，但是也经常犯虎头蛇尾的毛病。这个时候应该怎么办呢？

A：解铃还需系铃人，我认为解决这个问题的关键在于找出中途放弃的原因。很多时候是因为好高骛远，目标定得过于远大，想要实现它所耗费的时间跨度过长导致的。

我举个例子。

刚上五年级的韩松儿，她的梦想是将来当个电脑程序工程师。她给自己定了个目标，就是靠自己的力量去买个笔记本电脑。作为实践远大理想的第一步，她每个月都极其认真地把1.2万韩元的50%存入银行里。仅靠这点钱，至少也要存10年才能实现梦想。这个时候，父母与其放任孩子自己去行动，不如参与到这个伟大计划的实践过程中。

于是，韩松儿的父母在家里推行了家庭式打工，松儿在家里做些力所能及的家务时，父母都会支付给她一定的酬劳。这些钱加上节日时收到的红包，如果全部都存进银行，就能把购买笔记本电脑的梦想缩短为两年。

除此之外，我还想提个建议，当孩子在家长的参与和指导下使银行的存折达到一定金额时，家长朋友可以承诺为孩子补贴实践目标所不足的差额部分，这应该是个不错的办法。

韩国的《少儿经济报》曾报道过"少年经济家"盛源的故事。

住在韩国京畿道水原的盛源，下定决心要存30万韩元，用来作股票投资。他的父母心里很清楚，孩子距离那个目标显得太遥远了，于是他们提出一个建议：

"根据你的计划，目标资金是30万韩元。只要你能凑齐15万韩元，那么剩下的我们来给你，就当是投资。你只需好好施展才华，等成功了把我们投资的钱还给我们就可以了。"

盛源终于凑齐了投资资金，而且靠这笔钱驰骋在股票投资界。这件事还以"股票投资记"的题目被《少儿经济报》连载过。而当盛源成为中学生时，甚至成为了《我是韩国少年股票投资人》的经济类漫画书主人公。

还有一个办法，可以帮我们有效地避免孩子中途放弃。就算是同样的目标，也可以在相对省钱上下工夫。例如：想要购买的手机，价格是不是过于昂贵？计划去海外旅游，行程过于繁多，可不可以缩减一两个行程呢？家长可以通过自然的干预，避免孩子因为过高且盲目的目标半途而废。虽说我们在很多时候应该学会对孩子放手，但不能过于放任，一旦孩子中途放弃了，就很难走向下个阶段的目标了。事无巨细，就算是很小的一个目标，孩子一旦经历了，实现梦想本身所带来的成就感与自信心是高于一切的，这绝不是金钱所能换来的，而是一种触及内心的成功，这也成为子女迈向下一个阶段目标的很好的引导。

正确的储蓄教育和指导，不仅能够帮孩子养成珍惜金钱、合理安排金钱的良好习惯，还可以为他们带来自信心。而后者是尤为重要的，难怪德国的俗语里有一句"富人与穷人的最大区别，就在于自信心"。

> **爱心小提示**
>
> 我们百般努力想让孩子接近银行，最终就是为了告诉他们如何合理地管理零花钱，以及培养其自我管理金钱、增值的能力，让他们在一点点接近目标的过程中体验到快乐和成就感，增加自信心，这才是最重要的。

Q：我家是这样给孩子零花钱的，就是把零花钱统统给孩子存到存折里，心想用这种方法让孩子自然地接触银行和储蓄业务，不知道这个办法到底可不可行？

A：一旦这样，那么想要用零花钱时，孩子就必须前往银行柜台,这就很自然地能让孩子提高财商。如果孩子对储蓄或银行、金钱等方面丝毫没有兴趣,但家长不想就此放弃让孩子学习金融的想法,那么这个方法也是值得考虑的。但是我认为除非不得已,还是不要用为好,因为这种方式让孩子丢掉了拿到零钱后自己前往柜台储蓄的体验机会。我们百般努力想让孩子接近银行,最终就是为了告诉他们如何合理地管理零花钱(具体地讲,就是把零花钱划分成几大块儿,如消费、储蓄、投资、捐赠等,把其中消费部分之外的其他项目都作为储蓄),以及培养其自我管理金钱、增值的能力,通过这些让孩子体会到一点点接近目标时所带来的快乐和成就感,增加自信心,这才是最重要的。

:每逢节日或者亲戚来访,都会给孩子较多的红包。直接给孩子吧,好像这些钱对于孩子来说数目太大了些;要说放到家长这里管理吧,好像又剥夺了孩子的经济教育机会。真是矛盾。

A:其实这也是许多家长烦恼的一件事情,我们可以通过储蓄来妥善解决这个问题。家长最好事先想好如何管理这笔收入,和孩子有个明确的约定(请和孩子签订合同),那么问题就迎刃而解了。就像和孩子约定好如何管理零花钱一样,当有了计划之外的收入时,也要制定相应的管理计划,并且让孩子按照约定来进行管理。如果您的孩子已经制定好这类计划,却没能按照约定来实行,那么请立刻为他制定一个实行计划。

> **爱心小提示**
>
> 针对零花钱的金额和具体开销进行协商并起草"零花钱合同",把靠自己努力挣来的收入和计划外收入的具体用途,作为合同附属条款来进行补充。

最简单的方法就是针对零花钱的金额和具体开销进行协商并起草"零花钱合同",将收入(靠自己挣得的钱)和计划外收入的具体用途也作为合同附属条款来进行补充。

无论是不管三七二十一式地替孩子"储蓄",还是"家长代替管理,需要时拿出一点点"的方式,都无济于事,必须制定一份这笔钱具体如何使用的规定。

我再介绍几个曾遇到过的事例:

韩国盆唐区有个爸爸,建议孩子加入了儿童基金,每当孩子有笔不小的收入时,就会引导孩子把钱投资到基金里,以此来提高孩子的投资参与意识。

> **爱心小提示**
> 无形中给孩子"没有一贯性原则"的认识,恰恰是子女教育中的致命弱点。

还有一些家长,当孩子有了通过储蓄想要实现的明确目标后,就会鼓励他们把大部分钱用于储蓄,让孩子通过自我努力来超前实现梦想,以此来提高孩子的自信心。

还有这样一位妈妈:每当孩子有不错的收入时,她都会将其存入到以孩子名义办理的5年期以上的长期存折中,以收取较高的利息。

诸如这些,都是不错的办法。只要记住一点,不能一点计划都没有,每当需要开销时便随意拿取使用的盲目状态是任何时候都不可取的。

Q: 可不可以这样:家长替孩子保管,然后用在孩子身上?

A: 其实有相当一部分家长都这样做,他们认为一大笔钱让孩子管理为时尚早，于是代为保管，然后拿来交学费或者给孩子购买衣服等物品。这些家长通常都有个口头禅："这些钱可都是花在你身上的。"似乎这样就能为自己找个合理的借口似的。我认为这种方法并不明智，像交学费或者给孩子买衣服，这些一直都是由父母来操办的，因为突然有了笔收入，就借此把孩子的钱拿来用，显然就丢掉了教育中最为看重的"保持一贯原则"，因此需特别留意这点。无形中给孩子"没有一贯性原则"的认识，恰恰是子女教育中的致命弱点。事实上我在问那些孩子在经济（金钱）管理中最感头疼的是什么时，最多的回答就是"把一大笔收入统统拿走并全部花掉的父母"。不要忘了，父母的这种行为很容易剥夺孩子的梦想。正确的做法是，指导孩子制定一个大笔收入管理计划，并将其用于实现孩子的目标。

Q：有些孩子很乐意把小猪存钱罐塞得满满的，然后拿到银行去储蓄，请问这种方法怎么样？

A：不得不说，这是传自父母一辈储蓄教育的典型表现，这种现象现在也相当普遍。要知道，胖猪存钱罐的用途并不是为了存钱，而是在零花钱计划中起到一个暂时的保管作用，最终还是为了将一定的零花钱存到银行里，这点必须向孩子讲明。而且，这些钱存入银行，不但可以预防丢失，还可以获得利息，并且避免随便乱花，对实现目标是相当有帮助的。当然，我们还要让孩子们明白，制作硬币的成本很高，存起来的硬币越多，国家所要承担的税金就会越多。所以，从源头避免这种错误的办法，就是前面所讲到的小猪存钱罐。市面上琳琅满目的存钱罐，如硕大的胖猪存钱罐、铁罐圆桶存钱罐、塑料长瓶存钱罐、达到一定金额才能开启的电子存钱罐、昂贵的陶瓷存钱罐等，也许这些存钱罐不失为华丽的装饰品，但从储蓄教育的层面来看时，我认为这些对孩子的经济教育没有一点好处。相比那些大罐，买四五个小存钱罐会更合理、更明智。

我的孩子是幸福小富翁——如何培养有「钱」途的孩子

分享中壮大——慈善

美国《时代》杂志评选出的全球首富是比尔·盖茨和他的妻子梅林达·盖茨，以及2005年度"时代"风云人物爱尔兰摇滚歌手博诺。

三人当选是因为他们以不同方式对世界所面临的灾难作出了重大贡献。同为首富，三人于2002年首次见面后，决定利用自己的财产和名声，为济贫而捐赠。

博诺利用自己在全球的名声，号召富裕国家的富人们为贫穷国家还债400亿美元。而比尔·盖茨夫妇创建了世界上最大的慈善基金会——比尔·梅琳达基金会，筹款290亿美元。他们的善举已超越单纯的经济援助，致力于价廉质优的儿童预防接种新药的研制等可扶助贫困国家的诸多领域。

说到这里，肯定会有孩子问："比尔·盖茨或者博诺为什么要把那么多的钱白白分给别人用呢？难道是他们钱多得没处花了吗？"

有关这个问题的回答，不同年龄和身份的人有着各不相同的答案版本。但有一点必须申明，那就是有关捐

> **爱心小提示**
>
> 捐赠是个人或团队为了资助慈善事业或公众事业而拿出自己的钱的行为，因此也被称为"回报社会"。

赠活动的必要性。捐赠是从事慈善事业或为支援公众事业而进行的个人或团体的捐款行为，也有一种说法是"回报社会"，意思是靠别人挣了钱，重新还给别人及社会。其方式有较为直接的帮助弱势群体或资助学生等，亦或有创建学校或文团机构等，间接致力于教育文化事业的方式。正因为这种富人帮助贫弱者携手并进的意识，这个社会才得以进一步发展。

慈善做得最好的，应该就属美国了。美国是个资本主义国家，我们可以理解为，在资本主义国家，个人和企业都可以进行自由竞争，并且在竞争中存活下来的企业可以尽可能地聚集资本，也可以自由分配自己的所得。当然，如果有这辈子花不尽的钱财，还可以留给后代子孙，因为只要是正当渠道挣取的干净的钱，他人是无权予以褒贬的。既然如此，那么从2000年开始一直向非洲支援200亿美元的比尔·盖茨的举动，究竟要如何理解呢？

捐赠是人类摸索出来的可贵的价值，就算是"可以任意花销"的个人财产，也会因为为自己花还是用来帮助他人而从根本上截然不同。捐赠是对他人、友邻及整个人类关爱的可贵的内心表现。

当然，捐赠不一定全部是为了他人。事实上，这种善意行为终究是于己有益的事情。通过捐赠行为，可以免除一定金额的税金，也可以树立起个人和企业的形象，因此其利益很可能回馈到自己手中。

捐赠也被视为是"利益的社会回报"。有人指出，无论是个人还是企业，他们都能够挣钱成为富人，事实上也有由于无数人们的帮助才得以成功的例子。因此他们主张采取各种形式将所挣得的钱取一部分返回社会，也算是一种责任。

在美国，除了比尔·盖茨，还有许多慈善家。那些赫赫有名的巨富们为了帮助别人，甚至还特意拨款来运营财团。美国经济周刊《商业周刊》将这些不甘于停留在一次性捐赠而特意设立财团以图更加有效地为他人援助的人，称为"捐赠一代"。通过这个，我们也可看出捐赠早已普及化、生活化。

韩国有句谚语，叫"富人是大家伙的饭桌"。

虽说救急不救穷，但只要世上还有善良的富人，那么就应该站出来，救助那些所谓连皇帝老爷也救济不过来的贫困者。所以上面这句话，应该是投身慈善事业的富人圈子里产生的一句话。这句话也包含了一个美好的愿望，那就是希望世上能有更多的富人来帮助贫困的人。总之，懂得慈善与分担的富人，是这个社会迫切需要的人们。

请通过下列问答，了解一下有关捐赠的教育方法。

爱心小提示

捐赠活动是一个很好的教材，不但可以让孩子拥有一颗关爱他人的善心，还能让他们明白，这个世界是你我相互帮助、共生的共同体。

Q：捐赠是经济教育不可或缺的重要因素，这句话应该怎么理解呢？

A：最近越来越多地谈及企业公益活动及回报社会的必要性和重要性。作为企业，无论是个人还是集团，理所当然都会以追求利益为第一目标。但是就近来看，主张企业应该多参与公益性活动的观点越来越多，而企业也竟然欣然接受这样的提议。随着社会上捐赠队伍的壮大，让孩子体验与他人分享的喜悦和成就感的机会也越来越多。

Q：经济教育范畴内，捐赠具体指什么？

A：我们可以把捐赠解释为，用某种方式进行生产活动并将其结果换来的利益中的一部分与他人分享的行为。从教育角度来看，不太提倡一味地强调捐赠。

Q：有关捐赠的必要性，应如何向孩子讲解？

A：捐赠活动是一个很好的教材，不但可以让孩子拥有一颗关爱他人的善心，而且能让他们明白，这个世界不可能只靠一个人独立生存，而是你我相互帮助的共同体。现实中有意无意地，父母经常会灌输给孩子这样一种意识："只要独善其身就万事大吉""只要一人出息便全家光荣"。而现实证明，若想要一人光耀，必然要借助他人的帮助。通过捐助，恰好可以让孩子加深这样的意识。

在韩国，与他人融洽共存的教育观念相当薄弱。而且，在韩国，每一个公民的平均捐款额只有1万韩元左右，这与美国658美元和英国160欧元相比，简直是微不足道。

Q：捐赠是不是只局限于捐款？

A：当然不是。捐赠的形式多种多样，只要有颗肯做公益的决心，任何人都可以参与进来。捐赠不但包括我们熟悉的捐款，还包括与他人分享自己的时间和特长。如弹一首好曲子的人可以去养老院开个演奏会，如果你的烹饪手艺很棒，那么还可以和其他义工一起参与到公益活动中，这些都属于捐赠活动。和他人分享物品也包括在内，人们会把闲置或陈旧的物品捐赠到公益组织里，工作人员会将其捐赠给贫困山区里的人们，或者请师傅们把物品仔细拾掇后廉价出售，把收入用于捐赠。

别忘了，一颗温存的心，也可以作为捐赠资本。例如，给孤独的朋友及时的安慰，或者为冷落的朋友送去温暖的话语，以及用孩子般质朴的心无私帮助年老者……这些都是捐赠的具体形式，是善举。无论有形或无形，捐赠就是将自己的宝贵财产（金钱、时间、努力等）奉献出来，与他人分享。

家长必须改掉捐赠就是捐款的偏见，并且正确引导孩子认识何为捐赠。相信这种小小的努力，会让您的孩子成长为懂得关爱他人、懂得与人分享的孩子。

最近很多企业在招聘员工时，也非常看重应聘者是否有义工经历。因为企业方会认为，义工经历恰恰能证明该人对于他人的关爱程度，以及是否具有为他人牺牲自我的精神。

Q：我听说有专门的教育场所，可以让孩子学会捐赠的意义和价值，是真的吗？

A：家长不妨打听一下，有哪些机构和会所属于这一

爱心小提示

捐赠不但包括我们熟悉的捐款，还包括与他人分享自己的时间和特长。一颗温存的心，也可以作为捐赠内容。捐赠说到底就是将自己的宝贵资产与他人分享。

类，您会发现原来这样的专门机构和会所远比想象的要多。

此外，如果您的孩子极富挑战意识，那么也可以建议他参与饥饿体验活动。忍受饥饿是极其痛苦的事情，这种体验的大致内容是24小时内除了基本的食物外不提供额外的任何食品，让参与者切身体会到饥饿带来的痛苦。这种忆苦思甜的方式，也有助于将孩子培养为懂得积极分享的孩子。

Q：那么，如何在平时的日常生活中让孩子体验捐赠呢？

A：这一点是关键所在。因为最好的经济教育，就是在实际生活中亲身体验。有关这个内容，我想提两点建议：

第一，孩子的零花钱管理项目中，把捐赠这一项也包括进去。当孩子制定零花钱储蓄计划时，把捐赠项目也规划进去。一旦制定了用于捐赠的零花钱比例，孩子会在每次拿到零花钱后自然而然地实行捐赠活动。

第二，做个捐赠明细，引导孩子灵活使用。据说只要拿出100韩元，便可以让非洲或朝鲜的饥饿儿童饱餐一顿。因此，可以在每次捐赠进行时，让孩子明白自己的付出可以帮助几个儿童，强化捐赠的意义，淡化捐赠额数。当孩子意识到自己的捐赠行为的意义时，便会更加积极地参与到慈善活动中。有个简单的方法值得一试，每当孩子捐出

> **小提示**
> 在实际生活中，可以建议孩子用以下两个方式体验捐赠：第一，把捐赠这一项也包括在零花钱管理项目中。第二，做个捐赠明细，引导孩子灵活使用。

1000韩元时,就给孩子作个记录。请时刻记住,除了金钱上的帮助,一些物质上的援助,甚至美好、善意的关爱之心和义工活动等,都可以记录到明细中。这样做不但不会给孩子施加压力,还会充分调动孩子的参与心。

第四章

创意型生产者

Q：什么是生产者？

A：顾名思义，生产者就是从事生产活动的人。利用生产要素创造物质和服务的过程，就是生产。生产要素有必不可少的三点，即土地、劳动、资本，这三点称为"生产三要素"，有时也会把经营或设计、技术等因素包括在内，统称为"生产四要素"。

Q：生产者需遵守的原则是什么？

A：生产者需要遵守的原则是，用最小的生产要素带来最大的生产结果。所有资源都是有限的，因此有效利用资源带来最大限度的生产性，就是生产者必须遵守的原则。

Q：什么是创意型生产者？

A：那些成功的企业家，都有着不同于他人的思维、独创的想法、闪亮的点子。他们异口同声地强调："跟在别人屁股后面，就永远别想超越他人！"如果不想跟在人家屁股后面，就需要拿出创意型思维，用创意型思维武装自己，做个创意型生产者。

Q：如何培养创意型生产者？

A：这和消费者没什么太大区别。首先必须向孩子明确讲解合理选择的重要性，并且让孩子在生活中也时刻记住这一点，再让孩子大胆实践。要知道，生产者教育远比消费者教育艰难得多，而且可体验的机会也有限。要说可行的简单方法，那就是把孩子带领到生产者世界里。我们知道，精明的消费者通过物质和服务，就可以作出合理的判断，那么创意型生产者就是经过观察和思考来判断生产物质和服务的主人翁（生产者）具有的思维能力，以及如何进行生产活动。让孩子摈弃消费者的立场，站在生产者的角度来看待事物，用生产者的头脑来进行思维，这也许是我们把孩子培养为伟大生产者的最合理、最经济有效的选择。

投身生产者教育

"从小教育孩子,只挣'干净的钱'!"

随着近年韩国子女经济教育热潮的高涨,这是常常听到的一句话。挣钱,即有关收入的教育,一直以来被人们当做禁忌来看待。而经济教育的中心,一直以来也只是消费和储蓄两大方面。直到近年,主张必须进行"生产者教育"的呼声才逐渐多了起来。生产者教育可看做是有关挣钱和投资的过程。从这点来看,近年来家庭和学校以跳蚤市场为中心开展收入体验并以此作为体验教育的一个领域同样受人瞩目。

尽管如此,还是有许多人对生产者教育持有否定认识。

例如,许多家长都在担心,在孩子尚未形成正确价值观之前就给孩子灌输有关挣钱的意识是否会把孩子变为金钱的奴隶。而且过去的投资即投机的认识也依然顽固地存在着,于是主张尽量不要让孩子靠近这个领域的反对声音也比较高涨。

当然,他们说的也并非全部都错,但这并不能成为回避生产者教育的理由。因为生产者教育的效果是不可估量的，从小灌输的正确的生产者意识，将左右孩子的一生。培养孩子不安于现状的挑战精神，赋予他们创意型思维的企业家精神，恐怕没有比生产者教育更适合的了。

尤其是在把孩子培养为懂得合理消费的精明消费者时，生产者教育可谓是最为有效的方法。有人主张："儿童经济教育嘛，只要做好合理消费者教育这一阶段就足够了。"但不得不说，消费者教育的具体方案尚在理论阶段，而且可实践的具体方案也实在是少之又少。基于这种现状，我认为生产者教育刚好可以作为消费者教育的具体方案。

消费者教育的核心内容是让孩子懂得钱的价值（即珍贵性），但仅靠向孩子解释金钱的价值，并不能让孩子从消费或储蓄的诸多矛盾和困惑中解脱出来。而且事实表明，许多父母都是通过生产者教育成功将孩子培养为精明合理的消费者的。

生产者教育的核心是"过程"，生产即利用土地、劳动、资本等生产要素来生产物品。生产者教育就是为了让孩子理解这个过程。生产者教育让孩子学会思考如何利用最小的费用获取最大的效果，它看重的是过程，回避过程而仅靠结果（零花钱）来灌输"钱为何可贵""节省开销"的教育，显得太脱离实际了，很难奏效。如果让孩子自己参与到生产过程中，让他切身体会到资源的可贵性及挣钱的辛苦、不易，那么他作为消费

> **爱心小提示**
>
> 生产者教育可以从娃娃时期就进行。从小灌输给孩子的正确生产者意识，将左右孩子的一生，尤其对于合理消费者及精明消费者的教育，将起到非常有效的作用。

者角色时的想法和做法肯定也会来个大转变。无论是收入体验还是投资教育，绝非单纯地教授孩子如何挣钱、如何增值的技术。通过它，孩子不但可以了解挣钱的过程，还可以通过投资行为接触到多种经济现象，从而得到锻炼。

当然，对于有些家长认为的，在孩子尚未确立正确价值观时就进行挣钱教育是走钢丝的观点，我也是持赞同态度。但是如果能给孩子正确教授收入教育，那么在接受理论教育和实际体验的过程中，孩子会自然了解到金钱的珍贵性，以及父母是如何为了儿女辛勤付出的。

> ●爱心小提示
> 消费者教育的核心，是让孩子认识金钱的价值。生产者教育的核心，归根结底是有关"过程"的教育。

"我现在终于明白爸爸妈妈为了我们挣钱有多么辛苦了。"

"直到我自己亲自挣钱时，我总算理解了父母为什么天天唠叨要省着用钱了，以后我可得一分钱也不浪费。"

试问：有几位家长亲耳听到自己的孩子这样说呢？能让孩子转变为这种思维的，就是收入和投资教育，即生产者教育。

◎ 挣干干净净的钱

我曾与一位母亲交谈过。

女儿海丹二年级时，就随同爸爸去了美国，后来随着爸爸海外派遣结束又回到了韩国。当然，继续留在美国还是回到国内读书，让这位妈妈颇费了几分苦心，但最后还是决定尊重女儿的意见，一同回国。入学首尔一所学校的海丹，马上面临了几个让她困惑的问题，除了与同龄人生疏许多的韩语，还有就是陌生的韩国校园文化。

刚开始父母都捏把汗，生怕孩子会成为孤单的丑小鸭，但很快，随着女儿带来的好消息，这种顾虑也抛到脑后了。原来是她们班的三个女生主动要求美国归来的海丹为她们辅导英语，当时海丹想到这既可以交几个韩国的好朋友，又可以提高自己的韩语能力，于是欣然接受她们的提议。果然，随后女儿的校园生活发生了翻天覆地的变化，她不但性格开朗了许多，还会经常领三个"小徒弟"到家里玩，嘻嘻哈哈玩得不亦乐乎。

但有一天还是发生了问题。老师把父母叫到了学校，对海丹爸爸说："您家孩子好像太看重钱了，教育方面似乎存在着不少问题呢。"

事情是这样的：这三个小徒弟为了对女儿辅导她们英语表示谢意，决定每人从自己每月的零花钱里省出1000韩元交给这位小老师。女儿如实地把这些写到了日记本中，而老师在检查作业的过程中了解到了事情的经过，立马把海丹的父母请到了学校面谈。这让海丹的父母慌了手脚，苦恼着如何处理这件事。

是不是像老师说的一样，辅导英语收取费用是种错误？

事实上，不是那些小徒弟自己心甘情愿想要表示谢意的吗？女儿并没有主动索要什么啊。到底该怎么办呢？

答案无从寻找。恰逢这时，《我11岁就很有钱》的作者柏窦·薛佛叔叔来韩国演讲，刚好由我担任主持人。演讲结束后聚餐时，我讲出了那位母亲的烦恼。

"如果是您，不知道会给这位母亲怎样的建议呢？"

薛佛叔叔略想片刻，继而说道："老师，您就不要这样难为同行了吧。"

听出来了。他的意思是，帮同学辅导英语的10岁女孩儿，同样是一位英语老师。因此说她的所得是应该的，那么这种偏见本身就是不应该的。

不过，就算家长们听到了这样的答复，也不会对老师如是说。但至少他们可以为女儿明确一点，那就是虽然老师认为女儿的这种做法是不恰当的，但老师的话有时并不等于是真理。

薛佛叔叔接着又说："其实在我的祖国，也并不比韩国好多少，似乎这两个国家的孩子都面临着一个厚厚的墙壁，认为小孩子太在乎钱或者张罗挣钱都是非常不应该的想法和行为。不过，美国的孩子会在截然相反的教育环境下接受教育并亲身体验。试问：如果这两类孩子将来长大成人后碰到了一起，那么谁会具有更强的竞争力呢？所以，韩国和德国，也必须尽快打破这种壁垒。如果做父母的还执迷不悟，总反复那句'这个不行，那也不行'，那么恐怕最后连能说这些话的机会都没了，已经到该作些改革的时候了。"

收入教育的核心并不是挣了多少，而是怎么挣，而且它的答案，任何时候都是"干净而正当的渠道"。通过正确的收入教育，我们可以把孩子从不择手段地一味要求高收入的错误观念

> **爱心小提示**
>
> 收入教育的核心，并不是挣了多少，而是怎么挣。而且它的答案，理应始终是"干净而正当的渠道"。面向少儿和青少年的收入教育，是让少儿和青少年理解钱的过程。

117

中解放出来，让他们懂得挣钱应该走"干净而正当的渠道"。因为我们要教给孩子的收入教育，必须是通过辛勤汗水才可换来的代价，训练孩子通过分析找出获得更大效益的方法，再制定计划。他们需要自己去闯荡，靠自己解决挣钱过程中遇到的实际问题。通过克服一个个难题而一点点成长，是个有关人生的教育体验。

收入教育面向儿童和青少年，是让他们理解获得钱的过程——让他们亲眼见证过程，亲身参与体验，并把它变为常识性的东西。收入体验，是见证钱诞生和流通的触手可及的教材。因此，收益体验是让孩子了解"钱的价值"并珍惜钱的快速而有效的方法。

收入体验教育需注意的事项

明确目标

用收益活动教育孩子时最基本的目的，就在于让孩子理解"干净的钱"和"劳动的价值"。另外，还应让孩子明白进行这种体验的意义，并确立明确的目标。如果不这样，那么这种努力很可能都只停留在"挣钱活动"上，随之孩子的认识也只停留在"挣更多的钱"上。曾有一位妈妈向我诉苦，说孩子在跳蚤市场挣钱尝到甜头后，甚至连好好的新东西都要拿出去卖。其实这个问题在于，父母并没有向孩子透彻地解释有关收益的意义。

如果孩子自己有目标，那么只要引导孩子把钱用于实现这个目标应该就没什么问题了。目前在收益活动过程中见过的大多数孩子，都是把储蓄作为最终目标，不过也有少数孩子参加收益活动另有自己的打算。我能记得的大概有这些:"想在升入中学时,靠自己的能力来买校服。""一年后是爸妈的十周年结婚纪念日,我想为他们庆祝结婚纪念日。"

让孩子自愿选择,自愿参加

家长在收益活动中的重要指导作用是,提供多种信息,而不是一句收益活动如何重要就完事。家长大可以积极一些,给孩子当个好参谋,向他推荐值得尝试的体验活动。其实在其他一些国家,以孩子们参加收益活动为题材的书籍也早已相当普遍,大家不妨借鉴一下。家长给孩子提供相关信息后,就可以引导孩子自愿参加活动了。

通常孩子在参与收益活动后,都会变得相当乐观,但请不要因为这种普遍现象就要求自己的孩子也如此。至于收益活动的对象和方法,请根据孩子的喜好和关心领域来选择。

这种收益活动不同于其他,需要征得父母的同意,尤其是关系到室外活动时,未成年者依然需要征得父母的同意,因此父母的适当干涉和指导并不会显得多余。

不要贪心

有这样一家人:

爸爸就职于金融公司,两个孩子一个上小学,一个上幼儿园。这位爸爸对子女们的经济教育有着相当高涨的热情,当他在儿女经济教育中获得成功后,便纷纷奉劝周围的朋友也积极进行经济教育。由于这位爸爸过度热心，什么事情都要从大人角度出发强加于孩子，因此还和两个孩子闹出了些小小矛盾。有一次刚好在跳蚤市场遇到这位爸爸。在这位爸爸看来，一些东西价格可以抬高一些，一些也可以视情况卖得便宜一些，他还建议孩子将所得收入的一半用于捐赠。

> **爱心小提示**
>
> 收益体验活动应该是个快乐的游戏和体验，一竿子希望打出个人才，只能说是一种贪心。

不过这毕竟是大人的想法，别忘了，孩子们可能有着与大人不同的想法。在这一过程中，重要的是应该对彼此的想法给予充分的尊重，无论是企图抬高价格挣得更多，还是降低价格卖得更多，尽可能让孩子尝试一下。恨不得孩子一夜之间就有个喜人变化，这些都显得过于急躁了，不可取。这种做法甚至可能拔苗助长，让孩子一下子丢掉了学习经济教育的那份热心。收益体验活动，顾名思义，应该是种快乐的游戏和体验。没人规定，一定要挣很多钱才是成功。

写份合同

收益体验活动中必不可少的一点就是合同。不管它是家庭内部的事情还是外部的事情，都应该与雇主拟定一份"雇佣合同"，详细地记录下具体所做的劳动内容、地点、时间、期限、费用等。尤其是费用这一块儿，具体何时按照何种方式支付，都应该指导孩子详细记录下来。哪怕这个收益体验活动是在家里进行，父母也应该与子女签订合同，必要时甚至也可以请担保人出面，明确规定有关任务的

> **爱心小提示**
>
> 收益体验活动中必不可少的一点就是合同，尤其是费用这一块，具体何时按照何种方式来支付，都应该指导孩子详细地记录下来。

责任和义务，这样可以自然而然地与信用教育联系到一起。

收益体验改变了孩子

家住韩国忠北道永同郡的载鹤，早在小学五年级时，就体验过当"社长"的经历。

有一次参加经济特训，他担任CFO（财务理事）管理财务，这让他体验到了经济的乐趣。在特训结束后，他萌生了自己创业的想法。通过再三考虑后，他最终选择了"租书"这个项目。因为他本身酷爱读书，家里有相当一部分存书，而且在当时，租书这一行业也是一个热点行业。

确定好项目后，载鹤便在自己的房屋门上正式挂牌——"莲峰书屋"。按照自己在特训时所学到的知识，他把写有租书价格和书目的传单发布到学校里，以此来宣传自己的事业。他没忘记特别强调一点，就是相比其他租书店，他自己小店的价格要优惠很多。

像一般的书，如果借两天一夜，就需要100韩元，延期一天，多收100韩元，他想通过这种方式来提醒信用的重要性。在他创办这个"公司"之后，首先开展的一个内容就是宣传，他亲手制作了传单，并发放给那些同学和朋友，以此来大力宣传自己的小店，而同学们对此表现出的第一反应就是"太贵了"。

不过努力并没有白费，经过不断的宣传，来光顾书店的同学也多了起来，有时甚至一天能达到10名。载鹤当然也俨然一副企业家的心态，认真记录和管理着客户名单和销售额。就这样，第一个月后，他创下了8000韩元的销售记录，这种趋势一直持续了三四个月。但很快，问题也出现了，因为出现了"克鲁斯书店""慧敏儿书店"等竞争对手。

"同学们看我的事业经营得不错，也相继开创了租书店。'克鲁斯书店'主要是出租深受孩子们喜爱的希腊、罗马神话书籍，而'慧敏儿书店'则主营幽默、恐怖类漫画书。这些对我，不得不说是一个打击。"

很快销售额急剧下降，但载鹤并没有就此气馁，这次他积极寻找到一个合作伙伴，一个拥有大量当时深受大家喜爱的恐怖漫画书的合作伙伴，继续一路前行。《少儿经济报》作为儿童专场活动，特邀载鹤出席，请他为"和经济打交道的孩子们"活动进行讲课。他是这样说的："这些经历使我学到了钱的重要性和价值，事实上我开始创业后，也从未乱花过一分钱。"

而在这一体验中，比载鹤更为高兴的，就要数他的妈妈了。那天同样出席活动的载鹤妈妈说："其实刚开始，我还是比较担心的。但是看到曾经消极的载鹤能够积极挑战自己目标的样子，感觉非常欣慰。所以，我想对所有家长说，如果孩子有这份心，请一定全力支持他。"

再来讲讲另一个例子：

正在上中学的朴亨秀早在上小学四年级时，就参与了比较特殊的收益体验活动，把自己成就为更加成熟的经济新人。通过投资股票，他与朋友、弟弟等四名伙伴联手，在跳蚤市场创下40.7万韩元的销售记录。在一次电视节目中，他无比睿智而沉稳地谈道："经济对我来说就像一个引航者，每当我站在歧路彷徨时，经济帮我选择更为有利的方向前行。"

其实他的父母很反对亨秀对于经济所表现出来的过分关心。"无论什么时候，学习要比经济重要得多，你这个年纪谈论经济，好像还太嫩了些。"

直到有一天，有人往家里打来电话，当时是妈妈接的，话筒那边是陌生小孩的声音。

"阿姨，请问这里是亨秀哥哥的家吗？"

"是啊，有什么事吗？"

"哥哥最近怎么不来了呢？"

原来是亨秀不顾父母的反对，背着父母又搞出了另一个名堂——为幼儿园的小朋友讲童话故事。孩子们之所以往家里打电话，是因为亨秀没有在预定时间出现，孩子们等急了。在妈妈眼里，亨秀一直是还应由父母保护的未成年人，没想到儿子早已长大成人，拥有了苦盼自己的一群小朋友，成为"老师"。妈妈想到这里不禁眼圈一热，最终也不再反对儿子了，之后便成了儿子的积极支持者。

有一天儿子做完读书工作后，一脸忧郁地回到家。因为那些小朋友们年龄太小，听故事还不怎么能坐得住，四处乱走，淘气得很。经过深思熟虑，他想到一个办法，决定给那些能认真听故事的小朋友盖上漂亮图案的印章。结果这个方法大受欢迎，为了能够得到大哥哥给印的漂亮印章，这些小家伙个个聚精会神地听起故事来。

供应现打矿泉水

一位家庭学校老师,提议学生找出一个创业点子并实行。学员们一拍即合,集思广益,找点子、贴告示,一派跃跃欲试的样子。在此,挑选其中一个小学员的创业经历与大家分享。

当初他也是绞尽脑汁,来寻找合适的项目。一次和爸爸去晨练,来到矿泉水井边,看到好多老人家为了打水排着长长的队。有了！他当即一拍大腿。

"对,就是这个！"

他想到的点子便是,每天清晨给老人们配送亲手打的矿泉水。那天放学回家,他便把记有电话号码的传单贴到了矿泉水井边和小区入口。

"从此告别清晨打水的烦恼——一个电话,亲自为您送上新鲜的矿泉水！"

"下面要做的就是等电话了,这电话肯定会被打爆的！"

他嘱咐妈妈守好电话后,便满心欢喜地去上学了。晚上回来一问,才知电话根本就没有响起过。

"到底是哪里出了差错？是老人们没有看到井边的广告,还是告示栏上面的广告都被人撕掉了？"

第二天一大早他又来到了矿泉水井边,看到井边依然像往日一样热闹得很,而他贴的广告也并没有被撕掉。

"这到底是怎么回事？"

发表自我创业经验时,他说:"其实这些老人每天早晨不惜辛苦来打矿泉水,目的在于晨练,并不是他人可以代替的劳动。"那么他的创业是不是就此失败了呢?并非如此。他说,这次经历将成为他人生中难得的经验,让他懂得了从自我角度看问题和从消费者角度看问题会产生多么巨大的差别,也让他明白了确定创业项目时应该注意到哪些方面。

> **爱心小提示**
>
> 就算是一次失败的收益体验活动,在整个人生过程中,也同样是宝贵的经验,因为可以让自己懂得,从自我角度看到的世界和从消费者角度看到的世界,有着多么巨大的差别。

父母传授的收益教育

通过收益体验活动了解金钱价值的方法，远比想象中要多得多。

其实只要是孩子感兴趣的领域，都可以成为体验对象。在满14周岁之前，孩子除了演艺活动等特殊情况之外，都不可能开始职业生涯，因此也不可能从事固定职业去挣钱。在这段年龄可能的活动领域，大多是家庭或友邻。

首先是"家庭打工"，即在家里体验的收益活动，例如为爸爸擦皮鞋的收益，以及相比去年同期节省下来的电费差额等，都可以包括在"家庭打工"的收益范围内。教弟弟电脑知识、朗读童话书、节省下去饭馆吃饭的费用等，类似这些孩子可以在家里尝试的事情比比皆是。

"家庭打工"是靠付出努力换来结果，即通过自我劳动而挣取工资。这与零花钱完全不同。零花钱只是为了教育孩子何为钱及如何管理钱而无偿给予孩子的钱。

只要能把"家庭打工"模式掌握妥当，仅靠这点，

> **爱心小提示**
>
> 通过收益体验活动了解金钱价值的方法远比想象中的多。只要是孩子感兴趣的领域，都可以成为很好的体验对象。

就可以让孩子充分认识到金钱的价值及金钱的流通量。

还有一种模式,就是"友邻打工"。

友邻打工,即以熟悉的邻居为对象进行的体验活动。这里的雇主,可以是同单元楼里的居民或者同一个社团的人、父母的朋友等各种方式的友邻们。这种友邻打工方式相比家庭打工,能获得更大的成效。父母们在相互沟通之后,为子女安排收益体验机会,这样孩子就会在为别人提供劳动并领到工资的过程中认识到,给除了爸爸妈妈以外的别人打工是一件多么辛苦的事情,也会了解努力工作挣钱的必要性。这不失为一种生动的经济教育方式。

> **爱心小提示**
> 友邻打工的效果大于家庭打工。孩子通过为他人提供劳动拿工资,可以了解到挣钱的不易以及努力工作挣钱的必要性。

友邻打工的具体内容比较多样,如为他人读书、借书、假期报纸管理、教老人学电脑、包装礼物等。

适合孩子的收益体验活动

以下是这段时间一同参与活动的孩子们的体验内容表。

适合孩子的收益体验活动

分类	收益活动	内容	备注
图书	读书服务	为幼儿园、低年级儿童绘声绘色地朗读童话书或科学书	父母相互协商
	借书	将家里的书籍借给同学阅读	和同学"联手"
	售书	出售已读过的书籍	利用网络、跳蚤市场等二手市场

类别	项目	说明	备注
教育	教电脑	教低年级小朋友或爷爷奶奶电脑基础知识	也可采用义工形式
	作业辅导	学习辅导	父母协商
	家教	数学、英语、电脑等，需要划分所教范围（高年级以低年级为对象）	父母协商
收集	收集代金券	收集可利用率高的代金券	将收集的代金券金额转让给子女
	现金发票	花费5000韩元以上现金时，务必索要发票（年末结算时给予回扣）	将收集的发票金额的10%转给子女，作为所得收入
	再利用	收集空瓶	在回收处兑换现金
	收集邮票、纪念币	投资可增值商品	利用零钱
劳动及其他	发放宣传册	利用假期或周末发放宣传册、传单	征得父母同意，以居住地为中心进行
	保管报纸	负责假期报纸和传单的管理工作	征得父母同意，以居住地为中心进行
	参与跳蚤市场	网络或实店形式的二手货收集（可定期参与）	可以和朋友组成"公司"形式，参加跳蚤市场
	节约能源及通信费	电器、热水器等能源和话费的节省部分，当做收入给予孩子	相比去年同期的差额部分支付给孩子
	减少下馆子次数	在每月平均用于下馆子的费用中，将通过子女的自我约束而节省的部分，作为收入给予孩子	计算下馆子的费用
	为爸爸擦皮鞋	可在家简单操作的收益体验	要比行价略低
	串珠工艺	制作简单的串珠工艺品出售	利用跳蚤市场
	其他	帮父母整理资料或报价单、整理仓库、参加义卖会、派对策划人、擦玻璃、包装礼物等	通过与父母协商，找些适合的事情

拥有的书只作为个人阅读，还是向同学公开作为资料，二者之间的差异还是蛮大的。平时可以给孩子多讲一些同龄孩子们的收益活动，并在合适的时机引导孩子亲自体验一下，这会让孩子体验到企业家和生产者的不同。

创意能力被称为二十一世纪领导者的核心条件，而丰富的体验活动会直接刺激孩子的创意能力，让他们在实战中尝试和体验到什么是冒险和挑战兼备的企业家精神。

体验之前需注意的事项

给他人读书、家教、作业辅导、发放宣传册、假期报纸保管等内容，家长可以事先相互协商后再进行。如果周围恰好有孩子对这些感兴趣，并且积极上进，能够胜任这些工作，那么家长之间相互协商后为孩子提供一个体验的机会。相比家长们平时的单纯交流与沟通为主的联谊会，这种积极为寻求"商机"的家长碰头会，一定会发现更具生产性的机会。

家长的关心和指导是必不可少的。最近有些孩子背着父母发放传单，他们往往对打工抱着更大的兴趣，而且就业机会也更多。让未满16岁的未成年打工属于非法行为，因此父母要嘱咐孩子，无论做什么都必须征得父母同意，这一点尤其重要。如果背着父母打工，到时候自己的正常收益得不到保障，那么很容易让孩子留下不好的偏见，产生"社会上的大人都很坏"的印象。

"白手起家"，从一些不需要成本投入的事情做起，循序渐进。在刚开始时，相比需要经费的事情，找些不需要投资也能创造价值的事情一步步尝试，是最为理想的。

如果孩子提出靠串珠工艺来创业，那么父母最好不要慷慨解囊，不能一下子就拿出一笔钱递给孩子，让他"自己去闯闯"。不如让孩子收集一些废旧品拿到跳蚤市场里卖，自筹经费开创事业。不贪不躁，一步步稳当地去实践，往往能获得更大的成果。

必须签订合同。将孩子所要承担的任务和劳动代价记录下来，并签下双方名字。这本身对孩子来说是难得的体验，也是学习信用的一个机会。一般的家务或按照父母嘱咐来做的事情，大都不需要特殊的合同样式，只要做好彼此该做的事情即可。而孩子成人后去打工时，就不但要征得父母的同意，还要与雇主签订"劳动合同"，合同是让孩子感受承诺重要性（信用）的教育良机。

建议收益额度低于零花钱。收益体验的目的在于让孩子了解钱的价值，但过多的收入只能让孩子淡忘了零花钱的价值。这一点需要家长特别注意，切莫因为不当的方式弄巧成拙，偏离了让孩子了解钱的价值与珍贵的最初目的。

另外还有一点，家长需格外留意：所得的收入将用于何处，孩子是否对此有着明确的理由和目标？子女的日程与打工时间是否冲突？对于所要从事的工作，孩子是否掌握了足够的信息？这一切都确认充分后，方可最终批准孩子的打工计划。

> **爱心小提示**
> 刚开始不要选择需要经费投资的项目，最好是从不需要成本的事情开始创造价值，一步步分阶段来体验。

家庭打工(家庭所得活动)合同书(例)

家庭打工合同书

子女(　　)与父亲(　　)就家庭受益活动,现签订合同如下。

活动内容	时间	方式	支付方式
节约用电	2012年1月~12月	相比去年同期节省部分,作为收入支付	需要零花钱时
收集代金券	2012年3月开始	将收集代金券金额予以转让	每季度需要支付零花钱时

　　　　　　　　　　年　　月　　日
　　　　　父亲 _____
　　　　　孩子 _____
　　　　　担保人 _____

一旦确认后,家长就可以认真考察孩子所要做的收益体验活动的具体内容了。下面着重介绍一下这段时间孩子和家长共同参与活动摸索出来的几点具体内容。

具体实践方法

类似节省电费、收集代金券和发票等都属于简单、收益又大的活动。不妨看看具体实践方法。

■ 节省电费

首先和孩子一起查看发票,核算一个月的电费有多少,这本身其实也是教育的一部分。在定好实践月份后，查阅去年同期所缴纳的电费，上面应该显示用电量和金额。

剩下的事情，就是比上个月节省用电量了。及时关掉不必要的照明，不看时便及时关掉电视或减少看电视的时间，用过电脑后必须关掉显示屏并趁此减少游戏时间，不用的电器及时拔掉电源等。

只要是在能够理解何为省电的年龄，孩子大体上都可以尝试这种体验活动。所谓身教重于言传，这种亲身体验，刚好可以自然地让孩子学会节省资源。

节省电费的体验活动至少可以维持一年时间，因为要和去年的同一月份相比较。当然，在往后的年份里依然可以继续下去。一旦能够坚持一年，那么省电几乎就可以成为习惯性的行为。

🔳 节省话费

另一个不错的点子就是节省电话费用。目前，电话费仍在生活费用中占较高比例，因此节约电话费用从多个角度上来看，都是相当有意义的事情。这里节省的对象有两个，一是家里的有线电话费，另一个就是孩子使用的手机费用。电费由于季节性因素，每个月的使用量幅度比较大，也就导致了不同月份电费的较大起伏，所以只能与去年同期进行比较。但电话费，建议还是同上个月比较即可，同样会有显著效果。具体方法很简单，即满一个月后，计算出每日的平均费用，用同比上个月的差额乘以天数，便可计算出收益部分。

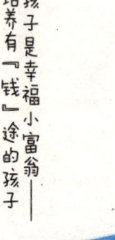

● 爱心小提示

收益不宜高于零花钱，一旦收益过多，就会影响让孩子认识零花钱价值的目的。

经 济 小故事

经济这件事

事实上,许多父母都在省电费这个尝试中取得了成功。这种体验活动并不需要事先准备什么,加上每个月打破上个月记录,更能增添几分乐趣,又加上有金额上的奖励,所以孩子们也进行得不亦乐乎。只要稍微用心些,那么一个月就能挣3000~4000韩元,对孩子来说也是一件美差事。

但副作用也随之而来,事实上也有过这样的例子。

一般年龄较小的孩子在执行这个任务的时候表现得过于执著,有时也会无所顾忌地拔掉电源插座,拔掉冰箱插座的事情也时有发生。

有个四年级男孩儿酷爱电子游戏。为了改掉孩子乱花钱的毛病,父母提议孩子可以尝试省电费活动,儿子对此也欣然同意。为期3个月时间内,取得了还算不错的效果。

他的妈妈甚至无不激动地说:"儿子甚至连玩游戏的时间也舍得缩短了。"不过也有小小的问题存在着,"听说他在朋友家里打游戏的时间一天比一天长了,这真让人伤脑筋。"

"这万万不可取,必须立即阻止。为了自己受益,却给他人带来害处,这绝对是不应该的。只有干净透明的钱,对人、对己、对社会才都有利。"

节约能源是值得提倡的好事。不但节省了家里的开销,而且可以增加收入,省电还能保护环境,为人类带来福音。在家庭教育中,不妨也让孩子懂得,即便是微不足道的小事,只要有了自我的意义,那么同样是难得而富有价值的事情。

由于要对一个月内使用的话费进行仔细核对，并找出消费问题所在点和解决方法，因此这项活动可谓是立竿见影的教育活动。

手机属于随着孩子年龄增长使用频率逐渐增加的物品，因此从小养成节省话费的习惯，也就显得尤为重要了。

■ 收集代金券

京畿道始兴的一位爸爸，每次购物时都喜欢选择贴有"现金返券"的商品。他在公司负责总务后勤，即使是购买公司用品，也有这个习惯。他说这都是为了女儿。

"女儿已经上小学高年级了，但对钱一点儿也不在乎。我一直非常头疼要怎么为她进行经济教育。正好她在升入中学时，央求我给她买个手机，于是我也承诺，如果她能收集现金优惠券，那我就给她买。"

女儿欣然接受了爸爸的提议，已经连续两年收集着优惠券。每当收集到50韩元、100韩元的优惠券时，就意味着它们将用于购买自己的手机。这似乎早已超出了当初为女儿承诺的购买手机的意义，而是变为了女儿的一种习惯。女儿不但单独备了个优惠券本子，而且会把优惠券单独保管在几年来一直使用的零花钱管理账簿上。

优惠券是"餐桌经济教育（在家庭中由父母进行的经济教育）"模式中的一个很好的教材。

首先从优惠券里我们可以学到"双赢战略"。通

爱心小提示

节约能源是值得提倡的好事，不但能节省家里的开支，还能用省下的差额增加收入。也由于省电能保护环境，因此对于整个人类也是件非常有益的事情。

爱心小提示

节省话费活动，由于需要对一个月的通信费进行一番计算，并寻求节省的办法，因此其教育效果是相当显著的。加上手机随着孩子的年龄增长，其使用领域也会更加广泛，因此从小养成节省话费的习惯显得尤为重要。

爱心小提示

通过优惠券，我们可以学到"双赢战略"。通过这个方式，我们可以让孩子学会互惠互利的方式。

过这个方式，我们可以让孩子学会互惠互利的方式。发行优惠券的商家，通过向消费者发放抵值券吸引消费者的眼球，最终提高商场收入，用优惠券经营方式可以起到同步广告的作用。而消费者可以充分利用这些优惠，尽量减少腰包里的钱，同时又能让孩子学到钱的价值。

优惠券积攒得越多，收益也越多，收益就等于是挣钱。但正因为优惠券积攒越多，就会收到相应的金额，从而减少支出，因此把这笔钱当做是收益，我认为完全没有问题。孩子们把积攒的优惠券拿出来时，可以积分到家长卡里，并记好每笔账，最后家长等到每月支付零花钱时按照奖金方式付给孩子。当然，如果每月积攒的数额不多，也可以采用几个月一交的方式。

■ 搜集空瓶

废品可以分为两种，一种是可再利用的物品，如报纸、塑料、泡沫等，另一种是一些玩厌了的旧物或已读过的书籍等己所不欲而于人有利的旧物。这些东西都如同鸡肋，放着只能碍手碍脚，而如果刚好遇到需要的人，那么可以重获价值，跳蚤市场便是这样的一个平台。

其中有一种东西，它虽有再利用价值，但是如果拿到旧物市场，恐怕谁也不会瞧上一眼，这便是空瓶。通常这些空瓶被视为废纸一样没什么价值，但这样扔掉实在是不应该。

把这些空瓶收集起来，将是一个不错的收益体验教具。其方法非常简单：预备一个可装普通废旧品的空箱子，再预备一个空箱子专门装空瓶。每当搜集到空瓶时，就集中放在这里。当搜集到一定量时，就拿到废品收购中心，这样积少成多也可以兑换一些钱。如果将这类旧物丢弃到可再利用垃圾箱，只能是个毫无用处的垃圾，但通过收集让它们真正获得重生，就可以真正实现资源再利用。

家住议政府的一位妈妈，从两个儿子上幼儿园开始就嘱咐他们，每当发现空瓶时就捡回家。从小受到这一教育的两个孩子，一直到上小学时也没有中断收集空瓶，就是搬家后也一直坚持着。

但搬到新家后，很快周围就有了奇怪的传闻："瞧那家兄弟俩，肯定是遇到个狠心的后妈。"

在邻居们眼里，如果是孩子的亲妈，根本就不可能舍得让孩子去捡空瓶。当然，这种误会很快就被消除了。那位妈妈解释道：

"其实别看这只是捡个空瓶那么简单，通过它能学到的东西却很多，而且卖掉瓶子攒的钱可以捐给困难的人，兄弟俩也很乐意这样做。再说了，空瓶子随便丢弃的话，如果碎了，也会给更多的人带来危险，不是吗？"

■ 串珠工艺及娃娃制作

串珠工艺，也就是利用珠子做成佩饰或手工艺品、室内装饰品等。如果是心灵手巧的孩子，我首推这个赚钱方式。

一些店会专门卖串珠和线，在那里可以买到物美价廉的材料。参加串珠工艺爱好协会，搜集一些有用信息

爱心小提示

通常这些空瓶被视为废纸一样，没什么价值。但一旦收集起来，就可以是个很好的收益体验教具。收集到一定数量，就可以兑换钱，做到真正意义上的资源再利用。

也是个不错的点子。我们可以引导孩子参与到跳蚤市场或自由市场、义卖会，并提醒孩子在制定价格时，充分考虑到材料成本、人工费及制作时间等因素。

■ 义卖会

学校的义卖会通常都由家长（妈妈为主）主持，主要出售一些受捐物品，再把这笔收入用于学校的运营基金或帮助贫困学生。参与到义卖会的孩子，要么是帮着跑腿，要么就是买家，尽管如此，这种义卖会毕竟仍不失为一种让子女体验收益活动的不错方式。下面是首尔城东区一个小学四年级女生的经验故事。

学校举办了一次义卖会。

我拿不定主意卖什么，最后决定卖水气球，因为觉得既凉快又好玩，应该很受欢迎。于是我卖力地给气球喷漆，弄得胳膊又疼又酸，我就想到雇佣弟弟来帮忙，因为最近他似乎刚好需要一笔钱用。价格按照1个气球120韩元，每个颜色做12个就行。

终于到了义卖会那天，我的心怦怦直跳，生怕水气球卖不出去。

"快来看哦，清凉、柔软又好玩的水气球咯！"

我的气球按照大小不同，价格在100~400韩元。虽然天气不算炎热，但没想到水气球特别受欢迎。有些妈妈刚开始会担心我的水气球卖不动，就劝我可以适当降价出售，不过我的水气球很快就卖出了2000韩元。我算了算，制作水气球所用的成本中，气球花了400韩元，人工费花了900韩元，这样总共成本投入了1300韩元。在征得弟弟同意后，我把这2000韩元都捐给了家长协会。

通过这次水气球生意，从最先的企划、生产（雇佣）、宣传、销售到最后的捐赠，全部由我自己进行。这种成就感，也许是此次活动的最大收获吧，因为我已经有了足够的信心，能面对将来的任何困难。

■ 提供读书服务

以幼儿园或低年级儿童为对象提供读书服务，消费对象以弟弟、妹妹及邻居小孩子为主，宣传则以他们的妈妈为对象集中进行。宣传的过程中，应注意侧重自己的优势和特点，如选择什么类别的书籍、具体如何读给孩子听等，这种方式会更具效果。

■ 派对策划者

主要是为朋友的生日或纪念日策划派对，用气球和彩带装饰活动现场，并精心安排一些歌舞或游戏等精彩活动。应事先与派对主角沟通，使派对能体现主角的想法。应提醒孩子在计算策划费用时，把气球、彩带、糕点和饮料等成本也包括在里面。一味地降低价格而忘了装点会场的材料及酒水所需的成本费用，则很可能在最后结算时得不偿失，这一点必须让孩子了解到。

■ 教电脑

对电脑有信心的同学完全可以试一试这种方法。

教电脑的优势在于，教授对象并不局限于同学，还可以包括对电脑不熟的阿姨、爷爷、奶奶，范围非常广。特别是为年长者教授电脑知识时，可以先从基本的关闭电脑、使用windows等基础性知识开始。

为了教别人，孩子必须非常了解电脑功能和程序，这样刚好可以趁机提高一下自己的电脑水平。

◼ 擦玻璃

室外玻璃擦起来过于危险，因此这个体验活动只局限于擦室内的小窗户。如果需要配备洗剂和擦玻璃的工具，那么需在开始打工之前单独预备一下。像一些够不着的地方，不要太勉强，因为和金钱与积累经验相比，安全在任何时候都应放在第一位。

◼ 包装礼品

对于善长手工制作的同学来说，这个项目非常适合。当然，首先要购买彩带、剪刀、包装纸等必备品，然后就可以向同学们进行宣传了。根据礼品种类、包装方法等的不同，可以提醒孩子多查找一些与包装或彩带工艺等相关的信息资料。高价的包装纸只能提高成本，所以应尽可能选一些好看又便宜的包装纸，并注重节约和环保。

◼ 辅导作业

主要是以弟弟妹妹或邻居家的小孩为对象，辅导他们做作业。这需要下一定的工夫，根据对方的年级和水平提前来选择教材和方式，因材施教，这样才能避免听课对象跟不上或听不懂自己在讲什么。

◼ 晨起提醒服务

这很适合早晨起得早的孩子，让他们定时叫醒睡懒觉的哥哥、姐姐或爸妈，防止他们上课、上班迟到。如果晨起提醒时能奉上一杯果汁或牛奶,那就是锦上添花了。在床头放上当天的晨报,那简直就是细微到家了,堪称周到无比的服务。比别人早醒一会儿,开始充实的一天,这个习惯真的很不错。

◼ 写文档

有个实际的例子:

一个学生为他的爸爸打工,替他草拟了一些文档资料。对这些Excel格式的文档,孩子相当有把握,可以轻松帮爸爸整理,不但提高了孩子的能力,还有效地提高了爸爸的工作效率。

一起逛逛跳蚤市场

去过几次跳蚤市场,就会有自己的诀窍了。

当摆出来的东西没人光顾时,不妨四处走走,吆喝两声,这比干坐在一个地方卖东西要有趣得多,而且效果也不错。

在跳蚤市场还能学到有趣的商业技巧,有时即使价稍高时,也能交易成功,获得更多的钱。这看起来有些狡诈,但你肯定跃跃欲试,而事实表明,效果很不错。

自己不用的闲置在家的东西,可能正是其他人急切需要的,虽然比不上新的让人感觉惬意,但好在可以用较低的钱买到。同样,自己需要的东西也可以按照同样方式低价购买,这对彼此都是十分有益的。相比

> ● 爱心小提示
>
> 跳蚤市场是进行经济教育的生动现场,通过这种体验,可以学到各种经济原理并了解金钱流向。

定价销售，跳蚤市场都是自己定价，因此这种体验能带来不小的成就感。

以上是韩国京畿道益山一个小朋友在报纸上刊登的跳蚤市场体验短文。

跳蚤市场是进行经济教育的生动现场，通过这种体验，可以学到各种经济原理并了解金钱流向。

参加跳蚤市场前期准备

■ 准备物品

想要参加跳蚤市场，那么最重要的还是准备商品。

选择一个能让他人眼前一亮的商品（具有竞争力的产品），这本身就相当于是在竞争中成功了。在跳蚤市场，富有个性且价格低廉的产品远比质量好的产品受欢迎得多。另外，由于全新的参考书、衣服、玩具等价格往往会很高，因此这类二手商品在跳蚤市场也同样受欢迎。所以要有前瞻性，平时就做好在未来拿到跳蚤市场卖的心理准备，注重闲置物品的积累和分类。如果能请邻居帮忙，那么就可以为成功增添有力的砝码。

曾经有个小学生，和朋友、弟弟一起参加跳蚤市场体验，他们给邻居发放了写有他们计划的宣传单，内容大致是，如果邻居们乐于捐赠闲置的物品，那么将由他们几个负责拿到跳蚤市场出售，并以捐赠者的名义将这些所得用于帮助贫困人。他们将搜集的物品拿到跳蚤市场里出售，创下了4小时出售40.7万韩元的记

> **爱心小提示**
>
> 如果想要参加跳蚤市场体验，那么最重要的就是准备具有竞争力的商品。在平时就应该积累能在跳蚤市场里富有竞争力的闲置物品。如果能有邻居们帮忙，那么跳蚤市场体验肯定能获得圆满的成功。

录。这个例子很好地说明了在跳蚤市场里具有竞争力的东西是何等重要的道理。

▣ 体验的不是生意，是创业

不要准备好商品后就急着参加跳蚤市场。磨刀不误

> **• 一个篱笆三个桩**
>
> 孩子有了一定的跳蚤市场体验经验，还可以和其他同学一起联手来策划和行动，这比自己单独行动效果好得多。还可以尝试起个响亮的公司名称，再选举出一个经理，体验职场角色分担。

砍柴工，准备得越充分，成功的几率就会越高。做个摊位，再制作些传单，还可以尝试印制些名片来发放，再准备些收据等。如果有同学有音乐方面的天赋，可以通过吹口琴或短萧来吸引人们。如果再用心一些，把每个商品的特殊历史写在卡片上并附上价格表，那么效果就会更好了。

▣ 体验分享

如果能对顾客作出承诺，将把跳蚤市场收益中的10%用于慈善以帮助贫困的人，那么更能吸引顾客，关键是务必要遵守这个善意的承诺。其实有很多人说，参加跳蚤市场虽然可以有笔不错的收入，但是通过它获得的最大收获就是自信心。刚开始都由于羞涩而难以开口，但随着前来咨询的顾客的增多，孩子——为他们讲解，渐渐就会克服这些心理障碍，从而获得自信心。这

种自信心，不正是孩子在收益体验中需要获得的最重要的收益吗？

如果想信心、收益双丰收，并且体验一下辛勤汗水的价值，那么不妨去跳蚤市场体验一下，这里是生动的经济教育体验现场。

■ 对幼儿园小朋友也是个不错的教育

幼儿园小朋友也可以参加，以收获多种体验。同伴们喜欢的纸片、卡片、玩具，都是深受大家欢迎的宝贝。

跳蚤市场中学到的经济原理

一直只参与到消费的孩子，一旦有了跳蚤市场体验，就能自然地与经济的六个铁哥儿们中的另外五个，即收入、消费、储蓄、投资、慈善等成为朋友。跳蚤市场可以让孩子在购买物品时仔细考虑，这件物品是不是对我来说非有不可的东西、成本怎么计算等内容。虽然学到的概念和原理能有数十种，但其中的核心内容大体是这些。

爱心小提示

如果想信心、收益双丰收，并且愿意体验一下辛勤汗水的价值，那么不妨去跳蚤市场体验一下，这里是生动的经济教育体验现场。

■ 自信心

让孩子自行筹备跳蚤市场前期准备，能很好地锻炼他应对突发事件时的解决能力，学会独立自主。在这里，父母的角色不容忽视。父母可以引导孩子，让他学会挑选、整理商品，所有过程都独立完成。孩子通过锻炼可以体会到"我也行"，这不仅可以让孩子的性格积极乐观，还可以让他学会懂得站在他人角度上思考问题的能力。

◼ 定价

对于一直都购买他人已经定好价格的商品的孩子来说，参与跳蚤市场正好有个可以自己定价的机会。当然，实际拿到跳蚤市场交易时，交易价格往往都会低于最先定的价格。

由于孩子们带来的东西大多种类相同，竞争比较激烈，因此价格低廉。

◼ 宣传战略

再好的东西，如果出售公司和产品知名度不够，也肯定会卖不好。宣传的第一步就是制作写有摊位名称的牌匾。用醒目的颜色和漂亮的字体制作牌匾后立在一边，肯定会比其他店铺（摊位）更引人注目。在跳蚤市场发放传单和名片等，也是自我宣传的一种不错的办法。

◼ 分工

一个人本事再大，精力也是有限的，不可能同时办好所有事情，因此可以按照相似的工作进行分组。

◼ 结算

结算即对跳蚤市场的支出和收入进行汇总，计算盈亏。把跳蚤市场卖货收据集中到一起相加，就是当天的"销售额"。再把记有支出的收据相加，就成了当天买卖所必要的"总费用"。

最后，核对实际所剩金额是否与账上的金额相吻合。

> **爱心小提示**
>
> 在跳蚤市场可以学到的经济内容包括自信心、定价、宣传战略、分工、结算、懂得钱的可贵、捐赠等。跳蚤市场体验可看作是缩小版的公司经营，大致有后勤组、人事部、宣传部、营销部等，可以让孩子进行分组和分工，这也为孩子提供了选择适合自己职位的机会。

■ 尝到挣钱的不易

参与过跳蚤市场体验的孩子，最为普遍的反应就是"原来挣钱这么难"。他们体会到了自己创业的艰辛、喊破嗓子宣传的不易、历经风险和失败的挫折，于是对挣来的钱格外珍惜。

■ 慈善

跳蚤市场里学到的不仅是收入、消费、投资、储蓄等经济概念。随着一个个活生生的经济切身体验，孩子还可以心生一颗帮助弱者的爱心。家长可以提议孩子，把他挣来的钱的一部分用于捐赠，估计他不会很快就同意，因为毕竟他会想到当初挣这些钱时的不易。如果可以，最好是用自然的方式，让他渐渐懂得，自我收益固然重要，但是能够帮助贫弱者更是一件令人温暖的事情。

投资与信誉额度教育时需注意

- （正在看书）总觉得9岁还太小了吧？

- 什么意思？

- 你看，这期少儿报的"读书"一栏，介绍了一个叫久范的学生。

- 你是说9岁就存了1200万韩元的那个小学生？

- 嗯，对。这里介绍道，打从他爸爸教他股票知识时，他就开始存钱。

- 哈哈，果然应了那句话，正确的经济教育还是得从储蓄开始。不过，你的表情怎么这么难看？

- 我只是对久范这么小年纪的孩子就参与股票投资，没法理解和赞成。

- 9岁就炒股？我也觉得这有点太离谱了。9岁娃娃懂个啥？

不要那么保守嘛。其实我们身边不也有许多人参与了投资股票吗？据说，投资鬼才沃伦·巴菲特早在11岁时就开始投资股票，还和同伴一起创业呢。

 对，专家也说，儿童投资教育最好从小开始。这样才会有足够的时间，让他们循序渐进地学习和成熟。

 不过，爸爸妈妈，甚至专家也说到了，靠投资股票获取收益是难上加难的哦。

 这是因为你误解了儿童投资股票的意思。儿童投资股票相比挣钱，能够学到经济内容才是更重要的。一旦对股票有了兴趣，就会自然地关注起经济流向，而且也会辨别自己与别人选择的有何差异。最重要的是可以提高智商，就是让他们拥有用经济目光看待世界的能力。

> 儿童投资股票，其实相比挣钱，能够学到经济内容才是更重要的。一旦对股票有了兴趣，就会自然关注起经济流向，而且也会辨别自己与别人选择的有何差异。

 可是，如果一旦陷得太深，不是会影响到学习吗？

 只要注意几点就可以了。

   哪几点？

 首先是了解，至少应该了解日刊报纸上写到的股票常识；然后是小额（10~20万韩元）投资；第三，如果过于频繁地参与交易，就会为钱所困，很快就厌倦，所以建议一个月参与一次交易；第四，每当出售或购买股票时，首先要谨慎考虑和分析并得到父母允许，还应认真写下投资日记。

哇，看来我也得尝试一下股票投资了。储蓄呢，虽然说可以获得利息回报，但毕竟收益也太微不足道了。

儿童投资股票需注意以下几点：首先了解日刊报纸有关股票的介绍信息；第二，从小额（10万~20万韩元）投资开始；第三，一个月只交易一次；第四，每当出售或购买股票时，先向父母告知理由，并认真记录投资日记。

可千万不要心血来潮啊。股票投资是经济教育的工具，可不是挣钱的工具。别搞错了，这样做的最终目的，还是在于用投资经验理解企业，培养孩子科学的经济头脑。

对！

不懂投资，等于金融文盲

投资已成为仅次于储蓄的教育内容，下面来看两个例子：

第一，首尔市教育厅已正式通过可供中学生甚至小学生在教学中学到证券知识的教材，但是这种教科书里面甚至没有出现"信用不良"等术语，所以并不能如实反映现实的经济状况，只能说是源于鼓励层面上的一种浅尝辄止的行为。

第二，随着大量的以儿童为对象的基金商品出现，已到了儿童股东辈出的时代了。基金，是指专业的基金运营公司将加入者们的钱集中到一起用来投资，最终将利益分红的一种间接投资商品。

储蓄教育是让孩子学会自己攒钱的教育，消费教育是学会自我约束、了解金钱价值的教育，二者依然是必不可少的。但投资教育也不容忽视，投资教育并不是要教孩子"让钱增值"的方法。首先，目的是通过投资让孩子学到金钱和经济的流向；第二，让孩子能够区别投资与投机的不同，从小为他灌输个人管理好个人重要资产的意识。这种教育，归根结底可以看做是保护好国家资产的一种教育。

"老师您好，参加经济特训回来后，我一直在看股市行情。在特训期间学到的知识对我很有帮助。我一直对汽车特别感兴趣，这几天也了解到汽车企业的行情下跌。按理说汽车行业应该是很有优势的，怎么会出现这种现象呢？"

"老师您好，我现在办了一个新的存折，以前有过存折，但只是我挂个名字而已，都是妈妈替我管理的，我觉得现在应该有一个能让我自己管理的存折了。"

投资教育首先是要通过投资教孩子学会金钱与经济的流向，其次是让孩子能够区别投资与投机的不同，从小为他灌输个人管理好个人重要资产的意识。

每年暑假或寒假都会举办经济特训，培训结束后，就会有许多孩子发来邮件抒发自己的感受。现在的小学生，等将来他们到了社会时，如果不懂得投资，就会被看做是"金融文盲"，这是许多专家的主张。这也说明，我们的经济环境正在急速改变着。但即便是有这种观点存在，投资教育依然如冰山一角，少之甚少。在大多数人的观念中，投资教育依然是相当严肃的，并有着多种禁忌区域，我们必须打破这种观念。在投资中，能够实际作为教育内容的就是股票，通过股票投资能够教孩子的内容远比我们想象的要多。

股票投资与经济教育

可通过投资教育教给孩子的内容	备注
对于自己的选择与决定，可以自行评价	分析成功可能性及失败原因
可以理解他人	学会畅通的社交能力
了解经济的基本原理和价格结构	了解供需等概念和原理
关注世界经济	世界头脑，全球领导力
了解企业	对企业和产业持有肯定认识
勤于思考	培养逻辑性及合理思考能力
经济是生活，一切信息皆有价值	可刺激孩子转变为信息类人才
像游戏一样刺激、有趣	刺激孩子对经济和股票的兴趣

投资教育需注意

我这里有个实际例子，可以很好地向我们说明，投资可以改变孩子。

袁同学现已升入中学，但早在小学五年级时，他就开始接触投资，成为了经济的好朋友。以前他是个不敢在众人面前露面的害羞学生，自从开始对股票有了兴趣并利用积攒的零花钱开始了投资后，他就成了经济类童话书《我是大韩民国的小股东》的主角，该书正是根据他的投资经验和体验编写而成的。

最初，他说要投资股票时，遭到了爸爸的强烈反对，不过这并没有让袁同学退缩和气馁，最终爸爸也同意了儿子的选择，并投资了与袁同学自己积攒的数额相当的钱，约有25万韩元，算是对儿子的大力支持。爸爸是想让儿子感受到，既然学股票就得好好学，而且这笔来自父母的钱不易，应该慎重管理。袁同学参加了网络爱好学会，并一步步开始学习，从什么叫投资开始，到具体怎么投资、应该以何种态度投资、通过投资股票能学到什么等。他还曾受到一家证券公司的邀请，开设向同龄孩子们讲授有关股票知识的讲座。

后来由于升入中学，炒股暂时告一段落。根据他的说法，就是"会休息的兵，才是会打仗的兵。一张一弛，休息也是投资的一个战略"。

儿童的股票投资教育应如何进行呢？可以按照以下三个阶段来进行：

>
> 向孩子讲述有关投资的各种概念和原理，激起他的兴趣，使他自然地理解经济与金融。

第一阶段：投资的基本概念

前面曾讲到，投资教育并非"让钱增值的方法"。我们可以向孩子讲述有关投资的各种概念和原理（特别是供需法则），激起他的兴趣，使他自然地理解经济与金融。儿时的关心和兴趣，能为孩子灌输有关投资的正确认识。

有关投资的基本教育，可以请求专家的帮助，书店也有针对儿童的通俗易懂的股票投资类书籍，证券期货交易所也有桌面游戏方式教孩子投资知识，网页上还有股票类漫画。

> 如果让子女自行筹备投资资金，会收到更好的教育效果。最简单的方法就是让他们在管理零花钱时，能把投资也算在里面，把零花钱的一定比例用于投资。

第二阶段：筹备投资资金

父母以孩子的名义投入资金，鼓励孩子来炒

股,虽说总比一点儿不支持要好,但从教育角度来讲,其意义并不大。如果让孩子自行筹备投资资金,那么肯定会有更好的教育效果。最简单的方法就是让孩子在管理零花钱时,能把投资这一块儿也算在里面,把零花钱的一定比例用于投资。可以让他制定一个计划,每当定期拿到零花钱或者通过自我努力有了收入时,拿出其中的一部分用于投资,并规划好大约要筹集多少资金等。

这样就能把零花钱管理与投资自然地联系起来,如果这时父母能够积极一些,承诺会把等同于孩子存款的钱作为对他的投资资金,那么孩子也会带着一种责任感,更用心地去攒钱。

有位妈妈在孩子筹集到15万韩元的投资资金时,给了儿子同样数目的钱作为投资。

对于这样的效果,这位妈妈这样讲道:"一直以来,用在孩子身上的钱一直都只是消费,但是用于股票投资给他的钱,过了一年多,还是保留着那些数目。过去一年,我和孩子都快乐地学习着股票和经济知识,不需要花钱,又能学到知识,我认为投资教育很值得一试。"

第三阶段:让孩子评估

一旦投资的前期准备结束,就让孩子每个月进行一次交易。就像定期给孩子零花钱一样,让股票也成为每个月一次的"特殊活动"。引导孩子以一个月为周期出售和购买股票,并向父母说明其理由,再详细记录到日记本或零花钱管理手册上,以随时进行自我投资评估。

这种过程，不但可以让孩子对经济和金钱流向产生兴趣，还能帮助孩子培养一双"经济慧眼""投资人的眼光"。

利用儿童基金的投资教育法

给孩子进行投资教育，并且给他投资机会，具体的方法就是儿童基金，几乎所有的证券公司都在推行儿童基金商品。随着越来越多的父母开始考虑为子女的未来投资，社会上对儿童基金的关注度也越来越高。

金融监督员（观察员）回应这种社会关注，称这种"空壳式"儿童基金正打算拓展为类似美国等先进国家一样的能延续到孩子成人后的长期性投资。

让我们通过下列问答形式，了解儿童基金投资的有效教育方法。

> **爱心小提示**
> 以一个月为周期，让孩子进行股票交易，并在日记本或零花钱管理手册上写下交易细节，以便于能随时对自己的投资进行评价。这种过程可以帮助孩子培养一双"经济慧眼"和"投资人的眼光"。

Q：儿童基金的优点是什么？

A：长期投资，首先在收益率方面非常有利，并且能加入伤害保险、经济教育等各种优惠，这也可以让孩子自然而然地提高对投资的关心。

Q：把基金作为投资或金融教育对象的父母，好像还并不多见。

A：是的。在通过儿童基金方式进行的经济教育中，务必记住的一点就是和储蓄一样不应该成为"父母投资"。孩子只挂个名字，只知道自己加入了基金，对其他一无所知，一切都由父母来决定，这种情况相当普遍。这种投资，只能说是父母为了子女的将来而加入的父母投资，对子女的经济教育实在没什么太大的意义。就像"父母存折"里有了再多的金额，对孩子来说也并没有什么意义一样。

Q：应如何进行基金教育呢？

A：可以利用零花钱管理方式来进行。如果决定加入基金，那么应向孩子仔细说明内容，并在零花钱当中单独开辟一个用于投资的项目，让孩子在每次收到零花钱时，把钱按照不同用途进行分配，预备出基金投资的费用。

Q：一个月的零花钱本身就比较有限，再分配出用于基金投资的一部分，就更少了。为了让孩子进行股票投资，不会是让家长多给些零花钱吧？

A：当然了。一个月的基金金额，孩子每个月的零花钱是根本不够的。这里重要的是让孩子有个投资意识，确定自己把零花钱里的哪怕是很小部分也用在了投资当中。因为自己参与到投资，就会理所当然对此更关心。我建议第一个月最好让孩子用自己积攒的钱来交基金，为了基金投资，几个月省吃俭用积攒的钱用来基金投资起步经费，这本身对孩子就意义非凡。如果凑齐第一个月的基金费用需要的时间过长，可以取个折中的方式，由儿女拿出一半的钱，剩下的由父母来代交。

> **爱心小提示**
>
> 儿童基金投资里，第一个月最好是让孩子用自己积攒的钱来交付。不管形式如何，让孩子意识到"那是我的""与我有关"才是最重要的。

无论是什么内容，重要的是让孩子意识到"那是我的""和我有关"，这种投资教育方式可以让孩子学会自己拿出的钱投资给了哪家公司、其收益率能达到多少等预想之外的知识。

信用就是财产

人们想要生存,就需要许多东西来维持,典型的就是衣、食、住。想要筹备这些,就需要钱。其实还有一个东西,和钱一样必不可少,那就是和他人缔结良好的关系,而这样做的前提就是彼此"信任"。

如果不能将心比心,就很难生存下去,最终无法进行正常的社会生活。

我们的社会,也是以最基本的彼此信任为前提构成的,说社会是以信任为基础得以维持也一点儿不为过。这种结构,我们称之为"信用社会"。在经济领域里,信用是指约定在未来偿还当前受助现金、物品或服务的一种社会承诺(合同)。

不少家长认为,信用是等到成年后才面临的问题,因为他们把信用局限在"信用卡"的层面,所以等到了成年后,能够办理信用卡并进行"收益活动"时,信用才显得重要。其实信用应该是从小就注重的问题,因为信用和其他教育一样,与平日积累的习惯紧密相关。我们通常这样表述,即"积累信用",这句话也说明了信

> **爱心小提示**
>
> 信用是指约定在未来偿还当前受助现金、物品或服务的一种社会承诺(合同)。信用与习惯紧密相关。

用并不是靠一两天表现挣来的，而是通过长时间努力才能实现的东西。

换句话讲，如果从小就对信用不够重视，那么长大了就会在这方面吃亏。如果仔细观察孩子的日常生活习惯，就能深切地感受信用并非未来问题，而是眼前亟待解决的现实问题。

未成年人在法律上受多重保护，原因是无法辨别他们在身体上或精神上是否已经完全成熟。而信用则不同，在经济活动中，并不会因为你未成年就给予特殊的保护或优惠。如果不能按时缴纳手机服务费，那么不论你是小学生还是中学生，都会成为信用不良者，这就是现实。

另外，赊账购买商品、从银行贷款、使用水电后缴纳费用等，这些都是我们生活中普遍存在的信用例子。

信用本身并不是钱，但信用高和信用低的人，其社会待遇肯定会存在很大的差异。我们必须向孩子说明，这些差异都会联系到经济差异。

如果信用高

平时守信，并且能够遵守定期存款等经济承诺的人，信用就会高。信用高的人，很容易从银行贷款，如果信用很高，甚至会有银行等金融机构主动提议"贷款"，而且利息也会很低。利息是借用他人钱时作为代价支付的钱，少付利息意味着自己的财产可以少支付一部分，这时，信用就成了财产。

如果信用低

"有个朋友已经跟你借走了一个玩具,但是并没有按时还给你,如果他再向你借书,那么你会怎么办?"

如果我问小朋友这样的问题,恐怕他们多半都会说"不借",因为那个借走玩具的人已经丢掉了信用。如果丢了信用,连借书也会困难起来。而等他很需要一笔钱时,可能就更不容易借到了,就算可以借到钱,相比信用高的人,肯定要支付更多的利息,而且恐怕也享受不到刷卡带来的便利和快捷。

介绍几个好办法,让孩子在实际生活中意识到信用的重要性,并让他重视信用积累。

- 必须守信,不作无法实践的承诺。
- 借的书籍或DVD等必须按时偿还,避免缴纳滞纳金,罚款是对于信用不良的惩罚。
- 最好一直用一个金融机构,让孩子从小积累信用。
- 制定计划,并按照计划消费。
- 避免手机话费欠费且过期缴纳。
- 手机和申请表必须妥善保管。
- 不要向朋友借钱。

第五章

通过零花钱进行经济教育

　　在韩国，强化经济教育和金融教育的呼声越来越高。虽说这是一件值得庆幸的事情，但是相比单方面地强调必要性，现实中的实际改善却并不显眼。于是，家庭经济教育也就具有了更高的意义和价值。教育主体当然是父母，尤其是爸爸们。

　　有一家机构每年都会针对高中生进行"金融认知度评估"调查，调查结果显示了有趣的统计数据。

　　在家里，父母和子女一同进行金融对话，孩子的金融理解能力会更高。在金融认知度评估中，平时和父母经常谈论有关金钱管理话题的学生，其平均分数是40.7分，而根本不进行这方面交流的学生的平均认知度分数却是38.4，略低于前者。这个机构表示，在家里和孩子谈论家庭收支方面的话题，在子女教育中是非常必要的。这种现象，同样明显体现在是否定期给孩子零花钱方面。定期收到来自父母的零花钱的学生的平均分数是41.5，而偶尔会拿到零花钱的学生则是37.3分，前者高出4.2分。这个结果表明，在家庭里，合理的零花钱管理教育对于子女是非常必要的。

　　通过零花钱管理，我们可以在日常生活及家庭中有效地向孩子介绍金钱的来历、用途、未来储蓄计划、与他人分享等内容，其教育效果也非常突出。甚至有些金融教育专家主张："事实上子女们必要的金融教育，其80%内容都可以依赖零花钱管理教育来解决。"当然，这里还需要具备几个前提，即看待金钱的态度。要知道，钱并不是特定时期不得不用的物品，而是能够让孩子在经济活动中与"金钱"自然相处的很好的学习教材。

　　至于零花钱的使用，不应该一味地放手让孩子自行管理，而父母袖手旁观。父母也应该给予干涉，但不应该加以强制，必须给予细心的关注和适当的方式，让孩子通过自律来学习管理钱。通过零花钱教育，我们还可以让孩子学会区分无偿支付的"零花钱"与作为劳动代价支付的"收入"的区别，以便了解金钱的价值。让孩子自然地与金钱认识，学会有关钱的知识，寻找管理金钱的方式，通过体验学习一套防范于未然的本领，零花钱管理也许是能够实现这些目的的最佳教材。

最好的家庭经济教育教材——零花钱

"非得进行零花钱管理吗？如果有这个时间，不如一家人一起对话，教孩子一些礼仪方面的内容，不是更有利于孩子的将来吗？"

这是一位著名人士在针对文章《父母和子女融洽相处之道》所写的评论内容。文中他还讲述了一位父亲平时让孩子跑跑腿并支付给她一些零花钱的做法后强调，必须摆脱过去那种孩子到一定年龄就必须进行"零花钱教育"的强迫观念。

这位人士提到家长把零花钱与替爸爸跑腿联系到一起的做法有些不妥，这点我也完全赞同。但是他把"零花钱教育"看做是强迫观念，而且认为"零花钱教育"与"对话"中只能选其一而舍弃其他的观点，我是决不能认同的。

我认为，这两者是同样重要的事情，而且并不矛盾。也许那位人士的文章道出了许多父亲们的心情，现实中许多爸爸都会对孩子有这样那样的担忧，如孩子到了适龄时不及时进行经济教育是不是会落后于别人，对

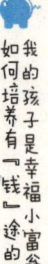

孩子的未来会不会有不好的影响等,甚至这些会变为一种精神压力。导致这种情况的最大原因,可能就是虽然对经济教育关心却又无从下手,没有一个可依靠的准则。爸爸与子女一旦涉及到具体的零花钱教育时,就能很快明白,这并非一件简单的事情。

- 零花钱要从孩子几岁开始给?具体给多少才合适?
- 给爸爸跑腿,剩下的钱是否可以作为零花钱给孩子?
- 有些孩子拿到一个月的零花钱后,不到一个星期就可以花个精光,然后躲躲闪闪察看家长的脸色,对此家长是不是应该装作没看见?
- 孩子还不会花钱,应该怎么引导?

这些问题回答起来绝不简单,而在实际教育中实践,恐怕会更有难度。

子女零花钱教育中父母该承担怎样的角色呢?现在整理出了以下几条,不妨对比一下,共10条内容中,自己实践的有几条。

对于自我评估内容,将在后面作详细解释。

子女零花钱管理自我诊断表

内 容	是	否
1. 决定零花钱数额时，能够尊重和体现孩子的意愿？		
2. 就零花钱的额度、支付时间等，和孩子签有"零花钱合同"？		
3. 对于子女拿到零花钱后的消费用途，有个明确的《零花钱计划书》？		
4. 定期给孩子零花钱？		
5. 孩子提前用完零花钱后要求父母多给些或者提前给时，坚决不给？		
6. 不会因子女做了份内应做的事情（叠被子、上补习班等）而给零花钱？		
7. 引导孩子，消费不超出零花钱的30%？		
8. 用零花钱购买物品时，让孩子自行选择？		
9. 严加管教孩子，不拿除了零花钱以外的钱、不动父母和兄弟姐妹的钱？		
10. 指导孩子记录零花钱管理账簿？		

◉ 父母在家庭中可进行的教育

零花钱管理不应有难度就逃避。人无法离开钱，也无法脱离围绕钱进行的经济活动。钱可以成就孩子的梦想，但也有可能剥夺孩子的梦想。父母的期望，大致都是一样的，都希望自己的子女将来不会因为缺钱而不能实现梦想。因此，父母有义务指导孩子正确了解金钱，并合理管理金钱。钱并不是到了某个规定年龄才能接触的，而是到了一定时候自然就能与之亲近的东西。而如果想要与钱成为好朋友，则需要付出相应的努力。

零花钱能够让孩子从小便与金钱成为好朋友，而且在此基础上培养正确的经济习惯，是父母的重要教材和教具。通常父母会为了让孩子读一本好书而付出极大的热情和关注，不仅会参考媒体的书评及读者的反应，还会关注周边的评价并亲自去书店看个究竟。

零花钱管理上，同样不能丢掉这份热情，甚至要比它更为重视。零花钱教育是绝对不可放弃的，就算感到头疼，也没必要逃避。

因为零花钱教育是"父母在家里就能充分进行的事情"，何况前面已经讲到，"仅靠零花钱管理就能解决孩子必修的经济教育的80%以上的问题"。现在您需要做的，就是了解零花钱之后，积极实践到子女教育当中。作为开端，必须理清零花钱的意义。

> ◆ 爱心小提示
>
> 零花钱能够让孩子从小就自然而然地与金钱成为好朋友，而且在此基础上培养他们正确的经济习惯。

关于零花钱

零花钱是孩子第一次接触钱的很好教材，正如平时父母苦心于为孩子选择好的教材一样，在零花钱方面也应该多琢磨，寻求一个于孩子有益的方法。

通过零花钱，可以为孩子灌输正确的经济观，通过这种教育能为孩子创造很好的锻炼机会，即体验场所，最终把孩子培养为精明的消费者（合理的经济人）。

让孩子制定理想（目标），并在实践过程中让孩子真切感受到"梦想是可以实现的"这一信念。

零花钱管理的基本知识

有些家长在对待零花钱支付问题时，怀有排斥或恐惧心理，这是因为他们越想关注此事，就越感到坠入云里雾里。相比零花钱管理的重要性，能在这方面给予中肯意见的专家显得太少了。这很大程度上是因为大众在看待金钱问题时一直持有"禁忌"与"观望"心态，是偏见带来的副作用。亲身经历过零花钱管理的家长们的体会也是千差万别，即便是看待同一个问题时，家长们依然意见纷纭。例如，在整理鞋柜时，有些家长会按照承诺给孩子零花钱，而有些家长则不会。他们各有各的道理，究竟选哪种方式，的确让人一时难以决定。下面列出几个家长们备感困惑的问题，逐一进行解答。

当然，对于这些答案，肯定也会有不同的看法。我只是想强调一点：这些答案只是根据这些年来与众多孩子和家长面谈时的实际教育总结出来的一点经验而已。

> **爱心小提示**
>
> 除了孩子生存所必需的开销由父母给予基本支援（衣、食、住）外，其他一切经济活动最好是让孩子依靠零花钱来自行解决。通常的看法是，从孩子7岁起就不定期地给些零花钱，以此来作为支付孩子零花钱的开端。

Q：请问零花钱都要包括哪些呢？

A： 零花钱的目的在于让孩子与金钱结为好朋友，也是让孩子从中学到正确管理金钱方式的教材。所以，除了孩子生存所必需的父母的基本支援（衣、食、住）外，其他一切经济活动最好是让孩子依靠零花钱来自行解决。零花钱并不仅仅是人们一直所认为的买零食所需要的费用,它包括交通费、购买普通学习用品的费用、购买图书的费用(只限于定期性图书购买行为,父母认为有必要读而额外给买的书籍例外)、文化消费费用等。

如果家长正在限制子女零花钱的使用用途,那么无异于剥夺了能让孩子体验"作合理选择"的机会,一个自然而又有效的教育机会就这么被无情地剥夺了。

Q:零花钱什么时候开始支付才算合理呢?

A:这个问题根据社会经济和文化背景,以及父母和子女的认识层面,有不同版本的答案,所以也没法一刀切式地回答必须从几岁开始给零花钱。如果你听到过家长们的谈话,就会发现他们对零花钱和金钱的认识及管理态度都有着迥然不同的差异。不过大体上总结的话,我认为"从7岁开始不定期地给零花钱"的模式可以采纳,《我11岁就很有钱》的作者柏窦·薛佛叔叔也建议"从7岁开始一点点地支付"模式。《瑞丹12岁,拥有1000万》的主人公洪瑞丹,事实上也是从7岁开始收到来自父母的零花钱,把它的一多半用于储蓄,最终实现了自己的理想,成为了成功的青少年经济人。

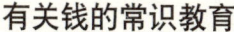

有关钱的常识教育

孩子到了五六岁，就会渐渐了解钱的用途，以及钱的样子和大小、面额种类、面额差异等外在意义。

如果这时，把钱按照不同种类摆好后进行观察和比较，那么对于了解钱本身也会很有帮助。如果仔细观察，会发现钱币也包含着许多有趣的科学内容，通过这种特殊方式的体验，可以让孩子了解到钱币知识。

这个阶段建议用硬币来当做教材（纸币适宜6~7岁的孩子）：

每个硬币上的图案都是什么？

硬币的颜色有什么不同？

最小的硬币和最大的硬币是哪个？它们的重量有什么不同？

硬币的价值如何进行比较？

仔细观察的话，会发现钱币包括了多种素材，包括纸币。摊开纸币后可以找出每张纸币上面相同的字体，还可以比较纸币图案与上面的人物的关系，以及每个纸币上面的人物在国家历史上的意义、有哪些防伪标记、纸币与硬币的价值及兑换、实际制造钱币所需的费用、复印时和真币有哪些不同、钱币在不同角度观察时投射的字体和颜色等，实际比较过程中，会发现观察的方法远比想象的要多。待具体的钱币教育结束后，就可以带孩子去参观货币博物馆了。

通过了解钱币，还可以提高数学加减的能力，并了解价格的含义。价格是表示商品价值的数值，意思是需要支付相应的钱。在这种教授过程中，还可以自然而然地向孩子介绍钱与商品交换及交易实现的地点（市场）。通过计算零钱的方式，向孩子灌输交易意识。这时就可以向孩子介绍金钱的重要性，并通过零花钱让孩子学会正确的消费方法。一般到了这个年龄，孩子不但可以理解金钱的内容，还比较容易接受有关经济的基本概念和原理的讲解。

最好的方法，就是在平时生活中自然而然地让孩子体验。如果和孩子一同逛市场，可以趁此向孩子讲解商品从生产地到达这里是如何

价格是表示商品价值的数值，意思是购物需要支付的相应金额。在这种过程中，还可以自然而然地介绍钱与商品交换及实现交易的地点（市场）。

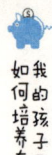

运输的、期间都会经过哪些人的手、同样的商品为什么每个公司的价格各不相同等内容,进而解释金钱的必要性、如何挣钱、通过何种渠道挣钱等内容,那么孩子对经济就会更加感兴趣,从而得到不错的教育效果。

Q:那么什么时候开始定期给零花钱呢?

A:"8岁开始可以定期给",一旦入学后,孩子就会懂得按规定的时间进行有规则的活动。孩子在幼儿园与学校的最大差异就在于是否独立。孩子入学后就会体验到自己上学、放学后自己回家等独立行为。经济活动最好也是制定一个计划,给约定好的零花钱,并按照计划实行。上学前可以是"在需要时不定期地给钱",但入小学后就要改为"按照约定的数额定期给零花钱"。

有时围绕零花钱问题,父母和子女的矛盾会远比想象中的多。开始时兴致勃勃,最后由于矛盾加剧不得不中断的例子也很多,其理由多半是因为没有定期给零花钱。如果孩子和家长约定好定期给零花钱,这本身就可以大大减少亲子之间的矛盾,而且可以说零花钱教育已经成功了一半。

> **爱心小提示**
>
> 孩子入小学后,就要改为"按照约定的数额定期给零花钱"模式。

Q:零花钱定期给,那么周期呢?

A:这个标准也只能说是因人而异。这个周期越长,孩子的自律能力就越能得到考验和锻炼,这说明父母的介入会相对减少。

如果是小学一二年级，建议以"一天周期"为宜，就像每天都要为孩子预备作业一样，父母对这个年龄的孩子，就需要给予持续的关注了。

而三四年级时，就可以适当延长到"一周周期"了。到了高年级，则可以按照"一个月周期"给零花钱，并让孩子自己制定计划，引导他按计划实践。对不同年龄的孩子进行有关钱与零花钱的教育内容，可以参考下列表格。

不同年龄零花钱管理表

年龄	核心内容	教育内容
6～7岁	按需少额支付零花钱	让孩子了解钱的概念、钱币的样子、金额差异、用途等 让孩子认识到想要的东西并不是都可以拥有的（教育孩子不要为索要某种东西而胡搅蛮缠）
8岁	开始定期（一天周期）支付零花钱	以一天为周期，支付零花钱 让孩子管理零花钱（消费为主，如果孩子有存款意愿，则可以鼓励他开始储蓄）
9岁	办第一个存折，开始自行管理零花钱	开户"子女存折"，自行管理零花钱，并养成储蓄的习惯 定期支付零花钱（一周周期）
10～11岁	正式管理零花钱	制定目标，并为了实现它而把零花钱按类别划分为若干等份，进行管理和实践（制定零花钱管理计划） 认真记录零花钱管理账簿，并逐渐习惯化
12～14岁	体验收入与投资（一个月周期）	通过零花钱之外的其他所得方式增加储蓄 零花钱管理项目中包括投资一项 增加储蓄额度，选择高利率商品进行储蓄

Q：零花钱给多少合适呢？

A： 根据年龄、花钱的习惯、家庭收入标准，子女的零花钱使用计划都各不相同，这种差异属于正常的现象。规定零花钱额度时，最重要的因素是零花钱计划，尤其是储蓄。

家长最好跟孩子商量一下储蓄的目标，最终决定零花钱额度。孩子可能会提出自己的目标，如买书、为了锻炼身体买个自行车、把钱存到上大学时进行一次背包旅行、为了实现电脑程序工程师的梦想而靠自己的积蓄买个笔记本电脑等。只要他的目标清晰合理，就不必看其他人的模式。零花钱给得太少，可能是个问题，但给得太多，也应该是尽量避免的。根据德国的一项调查显示，"拿较多零花钱长大的孩子，在到了30岁时，收入通常在平均线以下，且多半负有债务。"这一点值得家长们牢记。

◎ 制定零花钱预算大战略

定期给孩子零花钱，并让孩子能够按照计划管理好零花钱的最佳方法是什么？

最重要的，就是让孩子制定一个零花钱预算。所谓零花钱预算，就是预测收入和支出，按照这个预测来制定计划，并尽量根据这个计划来实行。可以让孩子了解到，正如每个家庭为了维持收支平衡管理钱财一样，政府也会制定预算后根据它来管理国家的财政，这两者道理是相同的。借助这一点，可以有力地向孩子说明，虽

爱心小提示

规定零花钱额度时，最重要的因素是零花钱计划，尤其是储蓄。所谓零花钱预算，就是预测收入和支出，按照这个预测来制定计划，并尽量根据这个计划来管理钱。

说零花钱管理是个人的事情，但其道理与政府经营国事一样。通过这种方式积累的经验和教训，对于将来的生存将是经久不衰的良药。当然，制定一个预算，并力求按照这个计划实践，有着不小的难度。

在家长中，做家庭收支记录的比率远不到30%，这种现实表明，能够让预算和结算彼此相符、协调，对大人来说也绝不是简单的事情，所以子女的零花钱管理肯定会更有难度。在实际操作过程中，父母和子女间的矛盾也不可避免地时有发生，那么，如何才能避免这种矛盾，双方在零花钱管理上达成共识并成功地引导孩子按照计划管理钱呢？

第一步：限定零花钱额度，并签下合同

零花钱的额度，如前面所讲的一样，在了解孩子的零花钱用途后最终定下来。消费多少、储蓄多长时间、用于什么，一旦目标确定完毕，就要规定相应的零花钱额度。而在现实中，这种办法并不容易操作，因为具体的计划制定起来都会有些难度。通常都是先规定好零花钱金额，再根据其额度来制定管理计划，并按照其实行。可以灵活一些，先采用这种方式，等孩子与零花钱熟悉之后，再制定预算并根据它来实践。

不管是采用哪种方式，有一点必须做到，那就是写个零花钱计划书。内容包括零花钱的金额、支付周期（一天~一个月）、支付时间、父母和子女彼此必须遵守的其他内容，列出这些后再最后决定。合同是为了督促必须遵守约定的行为的，不必拘泥于合同样式。

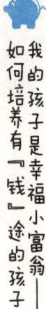

写下合同主体,并记录具体条款后附上签名即可,如:

第二步:制定零花钱计划书
零花钱管理合同

1. 父母( )与子女( )之间的零花钱合同。

2. 支付零花钱的周期定为(一星期、两星期、一个月)。

3. 零花钱金额定为( )元。

4. 零花钱支付日期定为( )日。

5. 其他事项。

　①记录零花钱管理账簿,并且向父母公开。

　②额外支付每月有( )次机会,金额最高为( )元,需于( )日偿还。

6. 上述合同内容需要变更时,必须与签订该合同的父母商议后方可另行签订。

　　　　　　　　　　　　　　年　月　日

　　我承诺对于领取的零花钱如实负责地进行自我管理。

　　　　　　　　合同人:　　　　　(印)

　　本人承诺忠实履行上述条款,并赋予子女( )自由管理零花钱的权利,并辅助其顺利管理零花钱。

　　　　　　　　合同人:　　　　　(印)

当孩子有了零花钱或其他收入时，家长需引导他具体制定为了什么目标使用多少零花钱的计划。

也许SSID式分类管理法可以让这个过程变得充满乐趣而不枯燥。如前文所述，方法很简单。有了零花钱或其他收入时，把钱分为四份来进行管理，确定好每笔项目各分配多少金额，并努力按照计划来实践，即自我约束式。

SSID，即消费（spending）、储蓄（saving）、投资（investment）和捐赠（donation）。

其中，储蓄是制定中长期目标后努力实践的过程。储蓄的目标可以有多种，如"购买游戏机""去外国旅行""购买最新型电脑"等。储蓄的目标可以定得具体一些，如为了实现一个目标具体存钱到什么时候，这样会更加有利于制定零花钱与收入管理计划。

假设一个孩子想要购买一台电脑，目前每月的零花钱是2万韩元，其中10%用于储蓄。那么为了实现这个目标，则至少要存上几十年，这个时候就可以相对增加零花钱中用于储蓄的部分，或者将其他收入的大部分都用于储蓄，如果还是相差较多，那么也可以考虑购买二手货或者相对便宜的电脑，以降低目标。

总之，一旦确定了目标，那么就容易制定收支计划了，这便是"预算"。具体而言，SSID式分类管理可以按照下列步骤来进行：

1. 制定SSID目标。消费和储蓄时选定商品或服务，投

> ●爱心小提示
>
> 零花钱合同必不可少。先定好零花钱的金额、支付周期（一天~一个月）、支付时间，再强调父母和子女必须共同遵守的一两个内容，最后协商。

资则定好股票投资所需金额，捐赠则确定好捐赠对象。

2. 定好目标后，计算一下实现目标所需的时间。如果觉得合适，就按照计划实行；如果周期过长，就适当提高储蓄比例，或者在"零花钱以外的收入管理计划书"中添加一项增加储蓄的内容。

3. SSID的比例并没有什么标准，有些人则图方便，建议按照"3331法则"（消费、储蓄、投资各占30%，捐赠占10%）实行。不过如果是想要利用零花钱实现某个梦想，那么还是建议储蓄定为50%，而消费不超过30%，捐赠和投资可以各占10%。此外，储蓄过多，可能会影响到个别人正常的经济消费活动。而适当提高零花钱以外的额外收入部分的消费部分，恰好能解决这个问题。

4. 零花钱之外的收入（打工挣的钱或亲戚给的红包等），最好是额外制定一个管理计划，收入对于实现储蓄目标将是一个很有力的手段。

5. SSID式分类管理中，首次制定的并不表示就是最佳答案，可能在实行一两个月后也会暴露出一些矛盾和问题点。这时家长可以引导孩子根据实际情况进行适当的调整，制定出孩子的最终目标。制定目标时，最好能让孩子和爸爸一起进行，这也是出于教育效果的考虑。

第三步：预备一个梦想存钱罐

把自己的零花钱计划贴在醒目的地方，并预备好4个用于实行计划的存钱罐。前面在储蓄部分我们已讲到，事先备好消费罐、储蓄罐、投资罐、捐赠罐，并在每次有收入时，按照计划放入相应的数额。

第四步：银行储蓄

准备好4个存钱罐，是为了能够按照计划进行零花钱管理。每当把钱按照预定计划分配和放入相应存钱罐时，都会有种守约的成就感，而且不乏乐趣。需提醒孩子的是，4个存钱罐里的钱应该尽快存到银行里。如果消费罐里的钱比较多，那么可以先存入银行，然后每当有需要的时候取出来。如果不算很多，那么可以不必存入银行，而在需要的时候拿出来用。如果取出的钱用过后有了剩余，还应提醒孩子再次放入存钱罐。

银行储蓄和现金存到存钱罐，两种方法各有优势和弊端。存入银行作为储蓄，可以让孩子养成储蓄的习惯，也很安全，而且孩子还会明白这样至少可以增加一部分的利息收入。现金形式保管，可以很好地锻炼孩子在每次需要钱时的自我控制能力，而且省去了每次去银行取钱的麻烦，还能节省时间。这两种方法，可根据消费配定金额多少以及用钱是否理性等多种因素进行综合权衡后再决定，或者两种方法各自尝试后，选取其中一种适合自己的也是个不错的办法。

第五步：记录零花钱管理账簿

提醒孩子每当有零花钱、其他收入以及计划外支出时，都详细记录到零花钱管理账簿上。为了养成合理消费的习惯，必须先养成记账的习惯，虽然这样会很麻烦，但是每当金钱数额发生变化时，还是非常有必要把明细记录下来的。记账的习惯不仅局限于经济管理方面，它还能把孩子的学习能力提高一大截。

第六步：评价、修改、完善

应该让孩子学会以每个月为单位对零花钱管理进行整体评价，并经过修改和完善寻求更加合理的方法。子女的年级越低，家长干预的程度也理所当然越要多一些。不过，有过一两次后，我认为家长可以适当地放手，让孩子学会自我管理，以提高其解决问题的能力。

> **爱心小提示**
>
> 提醒孩子每当有零花钱、其他收入以及额外支出时，都详细记录到零花钱管理账簿上。记账的习惯不仅局限于经济管理方面，它还能把孩子的学习能力提高一大截。

零花钱管理中的九大原则

有时零花钱会变成激起家长和孩子矛盾的因素。

子女希望索要更多的零花钱，而父母希望孩子能更加小心地管理零花钱，缩短两者之间的认识差距并不是件容易的事情，有时也有一旦出现矛盾便会相互妥协的情形。在这个问题上，我建议家长既不要轻易放弃，也不要轻易妥协。

矛盾出现也是一个新的机会，家长可以向孩子灌输正确的金钱观、价值观和消费习惯，让他成为健康、自信的经济人。为了利用零花钱培养孩子正确的经济习惯，以便于他能够应对未来的困难，就首先要制定好明确的管理原则，并按计划实行。

零花钱只是零用的钱，重要的是，它提醒着我们必须按照当初的承诺在约定时间支付当初定好的金额。

◎ 不要让零花钱与奖罚挂钩

不要因为孩子成绩提高就多给零花钱，也不要因为孩子不肯去给家长跑腿，就一气之下扣除零花钱作为惩罚，零花钱可不是奖罚孩子的工具。

零花钱就是零花钱本身，它是为了让我们明白必须遵守零花钱金额及支付时间等有关承诺的重要性的教材，切不可因为这样或那样的理由而擅自更改，别以为零花钱可以如此随便对待。

当然，零花钱的金额是可以调整的，但必须有个原则，让孩子明白，想要提高零花钱时必须提供正当的理由。

如果计划刚开始实行没几天，孩子就提出提高零花钱额度，那么就必须跟他讲明道理："你现在要求我们多给你一些零花钱，那么你能不能说出你的理由，让爸爸妈妈来接受呢？"

定期给零花钱

正如所有的子女教育一样，一贯性是任何时候都应该坚持的，保持一贯性的突出表现之一就是定期给孩子零花钱。其实能够定期给孩子零花钱的家长并不多，就算是能够定期给，但能在约定好的日期给而不让孩子失望的家长则少得可怜。解决这个问题的关键，就是事先明确约定支付零花钱的具体时间。

有个企业的领导就因为没能把握好这个度，从而失去了两个女儿对他的信任。为了能遵守与孩子的约定，这位爸爸特意把支付零花钱的时间定为"每月最后一个星期天，等电视上播完滑稽精粹节目后"。

想要让孩子学会制定计划、实现目标，定期性支付给孩子零花钱是必不可少的环节。

◎ 没有适当的妥协

虽然说好了定期给零花钱，但有时候孩子还是会有些无理取闹，从而索要更多的零花钱。如果父母说"不行"，那么他们肯定又会马上改变作战计划，要求"要么把下个月的零花钱提前支付给我吧"。如果父母依然坚定地说"不行"，那么他们恐怕要绞尽脑汁拿出所有能想到的办法，就算孩子百般纠缠并找出再合理的理由也不要轻易妥协。

零花钱教育是训练孩子有计划地花钱和管理，而且是为了把它习惯化的一种教育。如果因为孩子要求多给点零花钱就依着孩子，那么零花钱教育就失去了意义。给孩子零花钱，并写个合同书吧，具体规定好什么时候给多少零花钱。

孩子一旦消费就会尝到花钱的甜头，而且也会变得大手大脚。而一旦到了一定程度，就会经不住消费的诱惑，甚至向父母的手提包或者钱包伸手。孩子要求增加零花钱，是向他讲述有关道德和分辨善、恶的良好机会。告诉他，相比人们的欲望，不能满足这种欲望的资源（钱）匮乏正是人生的一种无奈，因此把有限的资源合理使用是非常重要的事情。

另外，未经过同意，就算是父母和兄弟姐妹的钱，也一个子儿不能碰，否则就是一种"罪恶"。

有一位爸爸，无意中得知小学一年级的儿子偷偷拿走了自己钱包里的钱，经过长时间的苦恼，爸爸单独准

> **爱心小提示**
> 零花钱教育是训练孩子有计划地花钱和管理，如果因为孩子要求多给就依着孩子，那么零花钱教育就失去了意义。

备了一个零花钱罐子,并嘱咐孩子每次只拿需要的钱。但有个条件,每次拿之前都要记录下来要拿了多少、用来干什么。

这位爸爸问我,这种方式是不是可行。

我也如实回答道:"既然这样,那何必那么辛苦地进行零花钱教育呢?"

因为这种做法已经动摇了零花钱管理的根本,属于

该给的给,不该给的千万不要给

曾有个小学一年级男孩儿,为了给即将过生日的爸爸准备生日礼物,向妈妈提议:"我打算给爸爸送一个生日礼物,能不能这几天我读一本故事书就给100韩元作为奖励啊?凑够买礼物的钱就行。"

这位妈妈刚开始有些犹豫,但还是同意了这个提议,她觉得给爸爸买生日礼物是个不错的想法,而且孩子可以趁这个机会领会到读书的乐趣。

孩子果然看书很认真,而且平生第一次给爸爸送了生日礼物,爸爸非常高兴并欣然接受了礼物。但问题也出现了,爸爸的生日过完后,孩子依然每次读书时都习惯性地向妈妈索要钱。

"上次是因为你要给爸爸买礼物,有这个前提才同意给你钱的,爸爸的生日早过了,以后就不能再给了。"

妈妈刚说完,孩子马上又有了别的主意,而且纠缠得更厉害:

"要不就不要100韩元了,50韩元就行,要不30韩元吧,好不好吗?"

"该怎么办呢?"

不能给!因为"给爸爸买礼物"这个目标实现的同时,当初说好的"只要读书就给钱"的承诺也就失效了。这是当初说好的,不能含糊。

适当的妥协。

在准备零钱罐之前，首先应该了解孩子为什么需要零花钱以外的钱。也许是游戏中毒等不良的消费习惯所致，也有可能是受了他人威胁正在饱受痛苦，所以必须了解清楚。如果孩子的理由充分又合理，那么可以适当给他增加零花钱。

◎ 储蓄的目标要明确

有不少家长担忧他们的孩子不存钱，其实之所以出现这种现象，没有明确的储蓄目标是最大的原因。如果没有明确的目标，对零花钱存到何时及存多少都没有概念，恐怕会很难实现储蓄目标。只有明确了目标，才会为之付出努力，而且一旦成功就会尝到甜头，人也会变得自信。那些靠储蓄实现自己目标，如成功购买自行车、手机、MP3的孩子所露出的灿烂而满足的笑容，是非常感染人的。可以想象，他们对于来之不易的宝贝，将会更加珍惜。

◎ 零花钱和收入，两个概念

零花钱和收入，二者应该明确区分。有些家长能够想到通过收益体验活动，让孩子学习金钱的价值。而这样积极又用心的家长，有时也会混淆零花钱和收入的概念。区分二者，是为了让孩子明白，钱也有它自己的个性。父母无偿给予的零花钱和通过自我努力挣来的钱（收入），两者就算是同等金额，其性质也是完全不同的。通过零花钱学到的"感恩"，与通过收益体验学到的"代价"，根本就是两个概念。

父母给孩子零花钱，是为了让他们与生存必不可少的钱成为好朋友，所以这个零花钱里也就包括了作为儿女理应做的事情。虽然这些事情属于经济活动，但是不计报酬的，不能用钱来衡量。

刷碗、叠被子、打扫卫生、替父母跑腿、照看弟弟妹妹、叠衣服……这些事情，都不能以拿到多少钱作为条件。

收入是劳动的代价，为爸爸擦皮鞋、节约电费、收集优惠券、搜集可再利用品……这些并不是孩子们必须要做的事情，属于具有一定代价的经济活动。

是否属于子女应做的事情、是否属于经济行为，这并不能像一刀切一样容易区分。在双职工家庭，帮妈妈做事（刷碗、洗衣服、打扫卫生等）也可以被看做是收益活动。

向孩子讲明零花钱与收入的差异，可以在与孩子商量后制定一个符合自己家庭的标准，并一起实践。

"我可以体会到爸爸妈妈为我赚钱是多么辛苦。"

这是当孩子得知除了零花钱还有劳动收入并参与到体验实践后发出的感慨。

> **爱心小提示**
>
> 零花钱和收入，二者应该明确区分。钱也有自己的个性，父母无偿给予的零花钱和通过自我努力挣来的钱，两者就算是同等金额，其性质也是完全不同的。通过零花钱学到的"感恩"，与通过收益体验学到的"代价"，根本就是两个概念。

🔹 不要剥夺孩子选择的权利

在为子女的零花钱苦恼的父母中，有大约20%的父母的烦恼可以说比较意外。

零花钱和收入的区别

分类	零花钱	收入
概念	父母为了给子女进行"金钱教育"而无偿提供的钱	劳动与劳力的代价
特点	子女与金钱的第一次亲密接触 父母传授经济内容的教材 为孩子灌输正确金钱观的机会 确定目标努力实践的媒介	"没有免费的午餐"，让孩子理解最基本的经济原理的工具 一份辛劳，一份收获 体验金钱价值的一个机会
举例	刷碗、叠被子、打扫卫生、替父母跑腿、照顾弟弟妹妹、叠衣服	为爸爸擦皮鞋、节约电费、收集优惠券、搜集可再利用物品

"我家孩子好像太不爱花钱了。"

有些孩子会因为舍不得花，把零花钱用于储蓄，也有一部分孩子是因为不知道怎么花，就一直放着不用。

不管是什么原因，干脆不消费也是个问题，因为消费也需要寻找合理的方式，并逐渐习惯化，也许再没有其他像消费这样容易形成习惯的事情了。

如果查找原因，就会发现相当一部分原因在于父母，虽然他们对子女的爱一点不比别人少，但他们也把孩子自己选择的机会完全剥夺掉了。

正如前面所讲到的，零花钱包括学习用品、交通、购买零食、买书、文化消费等的费用。如果在新学期伊始，便把一个学期或一年所需要的学习用品买齐全，那么在家长把成套用品交给孩子的一瞬间，便剥夺了孩子的消费权利。本来孩子可以从琳琅满目的铅笔中比较和挑选出价格、质量、品牌都心仪的一款，但家长的大包办剥夺了孩子这种合理消费的机会。如果孩子当初是自己选购的铅笔，那么在使用的过程中，相信他至少会认真想过一次铅笔的使用感受，权衡一下下次还要不要选择这个牌子的铅笔，或者要不要更换其他牌子，甚至会想当初没被自己选中的铅笔或许会更好用……这种种可能性，都随着"这回齐了，好好学习"一句话给剥夺了。

如果说一直都是父母替孩子决定购买什么，并过分限制孩子零花钱的开销，那么孩子表现得不爱花钱也就不令人费解了。正确的方法应该是在零花钱里包括各种消费项目，给孩子一个自然消费的机会。要知道，正确的消费习惯是通过消费行为来实现的。

消费不宜超过收入的30%

涉及到所得方面的教育，收入的项目也会多样化，一般情况下，会把收入分为"零花钱和其他"，而了解了有关所得的知识后就会明白，收入可以划分为零花钱、所得、其他。那么，在整体收入中，消费占据多少比例才算合适呢？在教育层面上，并没有规定具体要消费多少才是最佳的标准。也许没有才是正常的吧。因为其种类过于繁多，很难说出个标准来。不过我们可以逆向思考，找出一个"超前消费"标准。"超前消费"是指不切合收入标准的消费。

这里引用一个数据，即超前消费不宜超过"所得的30%"。不能说购买大量奢侈品或者价格高昂的进口商品就是超前消费，这里没有绝对的消费数额标准，而是和个人收入水平有关。因此，消费额度也应该根据零花钱额度而不同，这才合理。作为合理消费标准，只要不超过总收入的30%，就可以看做是符合教育范围。

◎ 了解捐赠，积极实践

通过捐赠，你会发现自己"越分享越壮大"。进行经济教育的理由之一，就是要让孩子明白，没有谁可以孤立地生活下去，社会本来就是大家相互依存的共同体。而捐赠是能让人们意识到作为社会一员的自豪感的不错的方法，捐赠还可以让人们体会到分享的快乐，也可以锻炼一个人的品质。

◎ 必须让孩子记录零花钱管理手册

一般称它为零花钱记账本，我认为这个表达不恰当。零花钱记账本，只能是强调记录客观事实本身的工具，而我们的目的是通过零花钱教育让孩子学会制定目标，并且能够如实记录下来为实现目标而努力的过程。

因此，相比单纯的事情罗列，尽量要写得有所斗志、有所努力，并及时评价、激励自我，使它成为成长记录本。出于这一点，我认为把它叫做"零花钱管理手册"更贴切一些。零花钱管理手册必须让孩子坚持写下去，如果孩子觉得难以坚持，哪怕是利用挂历本或是日记本，都应该尽可能地让他继续下去。因为记忆这个东西并不是永远保鲜不变的，过几天就会蒸发掉，这样的话，很快就会发现收入和支出，以及当前手里的余额对不上。而这样的情况一旦反复出现，那么就很容易导致半途而废，甚至报假账。零花钱管理手册应尽量把收入和支出细分化整理，避免单纯的流水账记录形式。

> **爱心小提示**
>
> 应该在零花钱里包括各种消费项目，给孩子一个自然消费的机会。要知道，正确的消费习惯是通过消费行为来实现的。

> **爱心小提示**
>
> 必须教导孩子记录好零花钱管理手册。相比单纯的流水账记录形式，能把收入和支出细分化更好一些。